POP HAGGADAH
Designed by Melissa Berg

For my vibrant
family who
illuminates our seder

For the Seder

For the seder plate:

- [x] charosset (mixture of nuts, fruits, wine and spices)
- [x] hard boiled egg
- [x] shank bone (lamb or roasted chicken leg bone)
- [x] karpas (vegetable - parsley, celery or other veg.)
- [x] maror (horseradish)
- [x] chazeret (another bitter herb or lettuce)

For the table:

- [x] wine glass (per person)
- [x] extra wine glass (for Eliyahu Hanavi)
- [x] 3x matza (covered)
- [x] bowl of salt water

or egg shank
bone haross
ע כרפם חזרת מרור ביצה חֲרוֹסֶת זרוע כרפם ר
or egg shankbone harosset bitter herb veg

Order of the Seder

While 'Haggada' means "The Telling", 'the Seder literally means "The Order". There are 15 steps in the Seder and 15 is the gematria value of one of the names of Hashem.

"God does not play dice"

-Albert Einstein

While things may look like chance, every physical creation follows an order. Order is very important as establishing a calendar was one of the first commandments we recieved upon leaving Egypt.

6
7

Kadesh

קַדֵּשׁ

POUR THE 1ST GLASS OF WINE

Kadesh

This is the meal of the Holy One, Blessed is He. On the sixth day, the heavens and the earth and all their hosts were completed. And on the seventh day God finished his work and he rested on the seventh day. And God blessed the seventh day and made it holy, for on it he rested from all the work which he created to make.

Blessed are You, Lord, our God, King of the Universe, who creates the fruit of the vine. Blessed are you, Lord our God, King of the Universe, who has chosen us from among all people, & raised us above all tongues, and made us holy through his commandments. And you have given us in love (On Shabbat say text in brackets: [Shabbaths for rest and]) feasts & festive seasons for rejoicing [this Shabbat-day] & the day of this Feast of Matzot and this Festival of holy convocation, the Season of our Freedom [in love], a holy convocation com-memorating the departure from Egypt. For you have chosen us & sanctified us from all the nations & you have given us as a heritage Your holy [Shabbat] and Festivals [in love and favor], in happiness and joy. Blessed are You God, who sanctifies [the Shabbat] & Israel & the festive seasons.

Blessed are you Lord, our God, King of the Universe, who creates the lights of fire. Blessed are You, Lord, our God, King of the Universe, who makes a distinction between sacred & profane, between light & darkness, between Israel & the nations, between the seventh day & the six work days. You have made a distinction between the holiness of the Shabbat & the holiness of the festival, and you have sanctified the seventh day above the six workdays. You have set apart and made holy your people Israel with your holiness. Blessed are You, God, who makes a distinction between holy & holy.

Shabbat? start here.

Weekday? start here.

Motzi Shabbat? say this too.

קַדֵּשׁ

בְּשַׁבָּת מַתְחִילִין

וַיְהִי עֶרֶב וַיְהִי בֹקֶר יוֹם הַשִּׁשִּׁי: וַיְכֻלּוּ הַשָּׁמַיִם וְהָאָרֶץ וְכָל צְבָאָם: וַיְכַל אֱלֹקִים בַּיּוֹם הַשְּׁבִיעִי מְלַאכְתּוֹ אֲשֶׁר עָשָׂה וַיִּשְׁבֹּת בַּיּוֹם הַשְּׁבִיעִי מִכָּל מְלַאכְתּוֹ אֲשֶׁר עָשָׂה. וַיְבָרֶךְ אֱלֹקִים אֶת יוֹם הַשְּׁבִיעִי וַיְקַדֵּשׁ אוֹתוֹ כִּי בוֹ שָׁבַת מִכָּל מְלַאכְתּוֹ אֲשֶׁר בָּרָא אֱלֹקִים לַעֲשׂוֹת.

בַּחוֹל מַתְחִילִין

סַבְרִי מָרָנָן וְרַבָּנָן וְרַבּוֹתַי בָּרוּךְ אַתָּה יי אֱלֹהֵינוּ מֶלֶךְ הָעוֹלָם בּוֹרֵא פְּרִי הַגָּפֶן. בָּרוּךְ אַתָּה יי אֱלֹהֵינוּ מֶלֶךְ הָעוֹלָם, אֲשֶׁר בָּחַר בָּנוּ מִכָּל עָם וְרוֹמְמָנוּ מִכָּל לָשׁוֹן וְקִדְּשָׁנוּ בְּמִצְוֹתָיו.

וַתִּתֶּן לָנוּ יי אֱלֹהֵינוּ בְּאַהֲבָה (בְּשַׁבָּת: שַׁבָּתוֹת לִמְנוּחָה ו)מוֹעֲדִים לְשִׂמְחָה, חַגִּים וּזְמַנִּים לְשָׂשׂוֹן, אֶת יוֹם (הַשַּׁבָּת הַזֶּה וְאֶת יוֹם) חַג הַמַּצּוֹת הַזֶּה, זְמַן חֵרוּתֵנוּ(בְּאַהֲבָה), מִקְרָא קֹדֶשׁ, זֵכֶר לִיצִיאַת מִצְרָיִם.

כִּי בָנוּ בָחַרְתָּ וְאוֹתָנוּ קִדַּשְׁתָּ מִכָּל הָעַמִּים, (וְשַׁבָּת) וּמוֹעֲדֵי קָדְשֶׁךָ (בְּאַהֲבָה וּבְרָצוֹן), בְּשִׂמְחָה וּבְשָׂשׂוֹן הִנְחַלְתָּנוּ. בָּרוּךְ אַתָּה יי, מְקַדֵּשׁ (הַשַּׁבָּת וְ) יִשְׂרָאֵל וְהַזְּמַנִּים.

בְּמוֹצָאֵי שַׁבָּת תוֹסִיף אֶת זֶה

בָּרוּךְ אַתָּה יי אֱלֹהֵינוּ מֶלֶךְ הָעוֹלָם, בּוֹרֵא מְאוֹרֵי הָאֵשׁ. בָּרוּךְ אַתָּה יי אֱלֹהֵינוּ מֶלֶךְ הָעוֹלָם הַמַּבְדִּיל בֵּין קֹדֶשׁ לְחֹל, בֵּין אוֹר לְחֹשֶׁךְ, בֵּין יִשְׂרָאֵל לָעַמִּים, בֵּין יוֹם הַשְּׁבִיעִי לְשֵׁשֶׁת יְמֵי הַמַּעֲשֶׂה. בֵּין קְדֻשַּׁת שַׁבָּת לִקְדֻשַּׁת יוֹם טוֹב הִבְדַּלְתָּ, וְאֶת יוֹם הַשְּׁבִיעִי מִשֵּׁשֶׁת יְמֵי הַמַּעֲשֶׂה קִדַּשְׁתָּ. הִבְדַּלְתָּ וְקִדַּשְׁתָּ אֶת עַמְּךָ יִשְׂרָאֵל בִּקְדֻשָּׁתֶךָ. ,בָּרוּךְ אַתָּה יי הַמַּבְדִּיל בֵּין קֹדֶשׁ לְקֹדֶשׁ.

Blessed are You, Lord, our God, King of the Universe, who has granted us life, sustained us, and enabled us to reach this occasion.

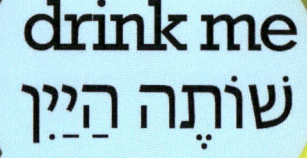

בָּרוּךְ אַתָּה יי אֱלֹהֵינוּ
מֶלֶךְ הָעוֹלָם, שֶׁהֶחֱיָנוּ
וְקִיְּמָנוּ וְהִגִּיעָנוּ לַזְּמַן
הַזֶּה.

Resveratrol: An antioxidant found in grapes, believed to have many health benefits.

Urchatz, Karpas & Yachatz

RITUALLY WASH HANDS – without reciting the blessing.

KARPAS VEGETABLE – take less than the volume of an olive (a kezayit) of karpas (vegetable) & dip it in salt water.

"Blessed are You, Lord, our God, King of the Universe, who creates the fruit of the earth."

br

וּרְחַץ, כַּרְפַּס, וְיַחַץ

נוֹטְלִין אֶת הַיָּדַיִם - וְאֵין מְבָרְכִין עַל
נְטִילַת יָדַיִם

כַּרְפַּס - טוֹבְלִין כַּרְפַּס פָּחוֹת מִכְּזַיִת
בְּמֵי מֶלַח, וּמְבָרְכִין

בָּרוּךְ אַתָּה יי אֱלֹהֵינוּ מֶלֶךְ הָעוֹלָם בּוֹרֵא פְּרִי הָאֲדָמָה.

break
middle
matza.

eak

יִבְצַע אֶת
הַמַּצָּה
הָאֶמְצָעִית
לִשְׁתַּיִם.

*one piece should be smaller & the other half bigger

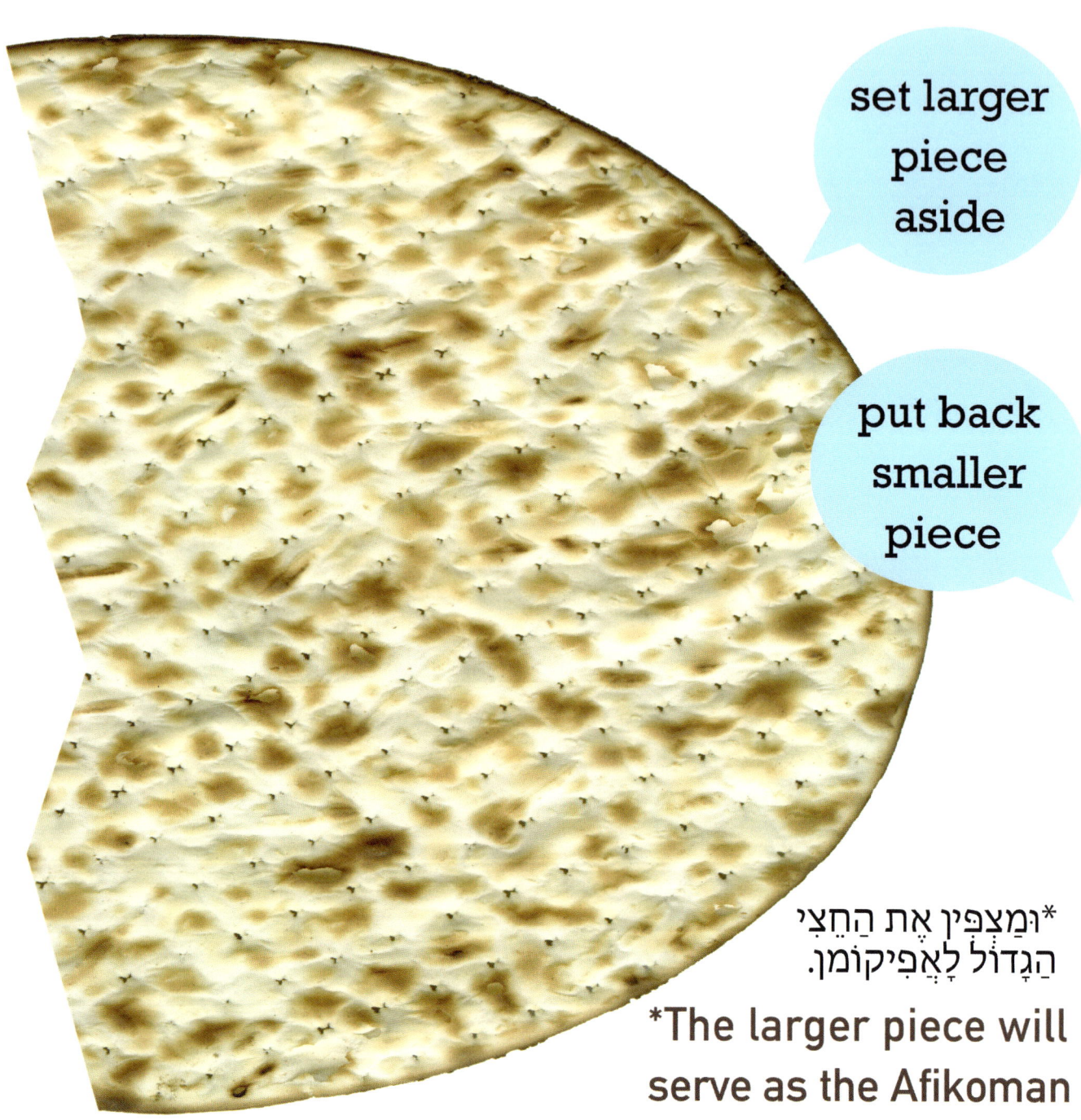

set larger piece aside

put back smaller piece

*וּמַצְפִּין אֶת הַחֵצִי
הַגָּדוֹל לָאֲפִיקוֹמן.

*The larger piece will serve as the Afikoman

Maggid

מגיד

"Let me tell you about Exodus"

Raise the Matza
מַגְבִּיהַ אֶת הַמַצוֹת

This is the bread of Affliction

that our forefathers ate in the land of Egypt. Whoever is hungry, let him come and eat; whoever is needy, let him come and celebrate Passover with us. This year we are here; next year may we be in the land of Israel. This year we are slaves; next year may we be free people.

מְגַלֶה אֶת הַמַצוֹת מַגְבִּיהַ אֶת הַקְעָרָה וְאוֹמֵר בְּקוֹל רָם.

הָא לַחְמָא עַנְיָא דִי אֲכָלוּ אַבְהָתָנָא בְּאַרְעָא דְמִצְרָיִם. כָּל דִכְפִין יֵיתֵי וְיֵיכֹל, כָּל דִצְרִיךְ יֵיתֵי וְיִפְסַח. הָשַׁתָּא הָכָא, לְשָׁנָה הַבָּאָה בְּאַרְעָא דְיִשְׂרָאֵל. הָשַׁתָּא עַבְדֵי, לְשָׁנָה הַבָּאָה בְּנֵי חוֹרִין.

Put the Tray Aside

POUR THE 2ND GLASS OF WINE

Now the Youngest asks Ma Nishtana?

What makes this night different from other nights?

On all nights we eat chametz or matzah, and on this night only matzah!

On all nights we eat any kind of vegetables, and on this night maror!

On all nights we need not dip even once, on this night we do so twice!

On all nights we eat sitting upright or reclining, and on this night we all recline!

"And God placed the Jewish people above the Stars"

As God plays an active role in this world as shown by our exodus from Egypt, we are not bound to astrology and can rise about our astrological signs.

וְכַאן הַבֵּן אוֹ אֶחָד מִן הַמְסֻבִּים שׁוֹאֵל ?

מַה נִּשְׁתַּנָּה הַלַּיְלָה הַזֶּה מִכָּל הַלֵּילוֹת?

שֶׁבְּכָל הַלֵּילוֹת אָנוּ אוֹכְלִין חָמֵץ וּמַצָּה, הַלַּיְלָה הַזֶּה - כּוּלוֹ מַצָּה.

שֶׁבְּכָל הַלֵּילוֹת אָנוּ אוֹכְלִין שְׁאָר יְרָקוֹת, הַלַּיְלָה הַזֶּה מָרוֹר.

שֶׁבְּכָל הַלֵּילוֹת אֵין אָנוּ מַטְבִּילִין אֲפִילוּ פַּעַם אֶחָת, הַלַּיְלָה הַזֶּה שְׁתֵּי פְעָמִים.

שֶׁבְּכָל הַלֵּילוֹת אָנוּ אוֹכְלִין בֵּין יוֹשְׁבִין וּבֵין מְסֻבִּין הַלַּיְלָה הַזֶּה כֻּלָּנוּ מְסֻבִּין.

put matza back & uncover it a bit

We were slaves to Pharaoh in Egypt, & the Eternal our God brought us out from there with a strong hand and with an outstretched arm. If the Holy One blessed be He, had not taken our forefathers out of Egypt, then we, our children, and our children's children would have remained enslaved to Pharaoh in Egypt.

THE PRESENT

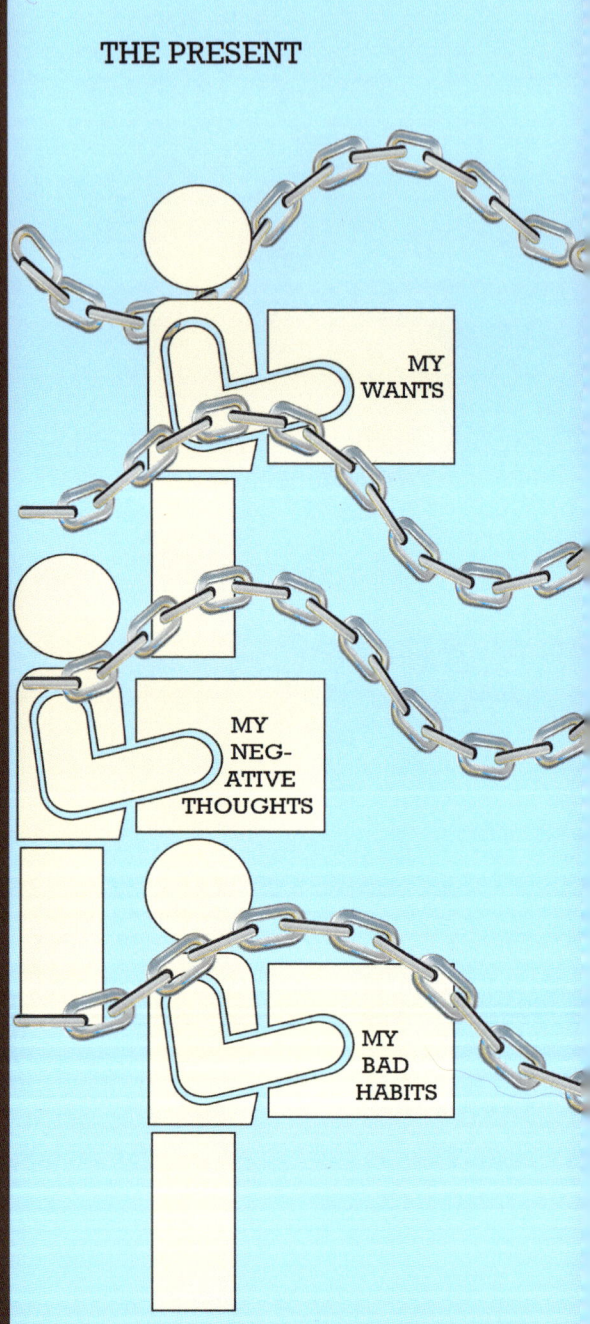

MY WANTS

MY NEGATIVE THOUGHTS

MY BAD HABITS

מֵנִיח אֶת
הַקְּעָרָה עַל
הַשֻּׁלְחָן

WAY BACK IN EGYPT

עֲבָדִים הָיִינוּ לְפַרְעֹה
בְּמִצְרָיִם, וַיּוֹצִיאֵנוּ יי
אֱלֹהֵינוּ מִשָּׁם בְּיָד חֲזָקָה
וּבִזְרוֹעַ נְטוּיָה. וְאִלּוּ לֹא
הוֹצִיא הַקָּדוֹשׁ בָּרוּךְ הוּא
אֶת אֲבוֹתֵינוּ מִמִּצְרָיִם,
הֲרֵי אָנוּ וּבָנֵינוּ וּבְנֵי בָנֵינוּ
מְשֻׁעְבָּדִים הָיִינוּ לְפַרְעֹה
בְּמִצְרָיִם.

Even if all of us were [rocket scientists],

all of us knowing the Torah, we would still be obligated to discuss the Exodus from Egypt and everyone who discusses the Exodus from Egypt at length is praiseworthy.

It happened that Rabbi Eliezer, Rabbi Yehoshua, Rabbi Elazar ben Azaryah, Rabbi Akiva and Rabbi Tarphon were reclining [at a seder] in B'nei Berak. They were discussing the exodus from Egypt all that night, until their students came and told them: "The time has come for reciting the morning Shema!"

Rabbi Eleazar ben Azaryah said: "I am like a man of seventy years old, yet I did not succeed in proving that the Exodus from Egypt must be mentioned at night until Ben Zoma explained it: "It is said, 'That you may remember the day you left Egypt all the days of your life;' now 'the days of your life' refers to the days, and 'all' indicates the inclusion of the nights!"

The sages, however, said: "'The days of your life' refers to the present-day world; and 'all' includes the days of Mashiach."

Jewish people

+ "G-d heard our cry"

+ ("Let my people go!")^2

+ G-d Splits the sea

+ G-d leads us to Israel

belief in G-d

trust

וַאֲפִילוּ כֻּלָּנוּ חֲכָמִים, כֻּלָּנוּ נְבוֹנִים, כֻּלָּנוּ זְקֵנִים

כֻּלָּנוּ יוֹדְעִים אֶת הַתּוֹרָה, מִצְוָה עָלֵינוּ לְסַפֵּר בִּיצִיאַת מִצְרַיִם. וְכָל הַמַּרְבֶּה לְסַפֵּר בִּיצִיאַת מִצְרַיִם הֲרֵי זֶה מְשֻׁבָּח.

מַעֲשֶׂה בְּרַבִּי אֱלִיעֶזֶר וְרַבִּי יְהוֹשֻׁעַ וְרַבִּי אֶלְעָזָר בֶּן עֲזַרְיָה וְרַבִּי עֲקִיבָא וְרַבִּי טַרְפוֹן שֶׁהָיוּ מְסֻבִּין בִּבְנֵי בְרַק, וְהָיוּ מְסַפְּרִים בִּיצִיאַת מִצְרַיִם כָּל אוֹתוֹ הַלַּיְלָה עַד שֶׁבָּאוּ תַלְמִידֵיהֶם וְאָמְרוּ לָהֶם: רַבּוֹתֵינוּ, הִגִּיעַ זְמַן קְרִיאַת שְׁמַע שֶׁל שַׁחֲרִית.

אָמַר אֶלְעָזָר בֶּן עֲזַרְיָה : הֲרֵי אֲנִי כְּבֶן שִׁבְעִים שָׁנָה, וְלֹא זָכִיתִי שֶׁתֵּאָמֵר יְצִיאַת מִצְרַיִם בַּלֵּילוֹת עַד שֶׁדְּרָשָׁהּ בֶּן זוֹמָא: שֶׁנֶּאֱמַר, לְמַעַן תִּזְכֹּר אֶת יוֹם צֵאתְךָ מֵאֶרֶץ מִצְרַיִם כָּל יְמֵי חַיֶּיךָ יְמֵי חַיֶּיךָ - הַיָּמִים, כָּל יְמֵי חַיֶּיךָ - הַלֵּילוֹת.

וַחֲכָמִים אוֹמְרִים: יְמֵי חַיֶּיךָ - הָעוֹלָם הַזֶּה כָּל יְמֵי חַיֶּיךָ - לְהָבִיא לִימוֹת הַמָּשִׁיחַ.

+ "evil pharoh"
+ G-d sends Moshe
× (The Plagues) x 10
+ G-d destroys the Egyptians
= EXODUS

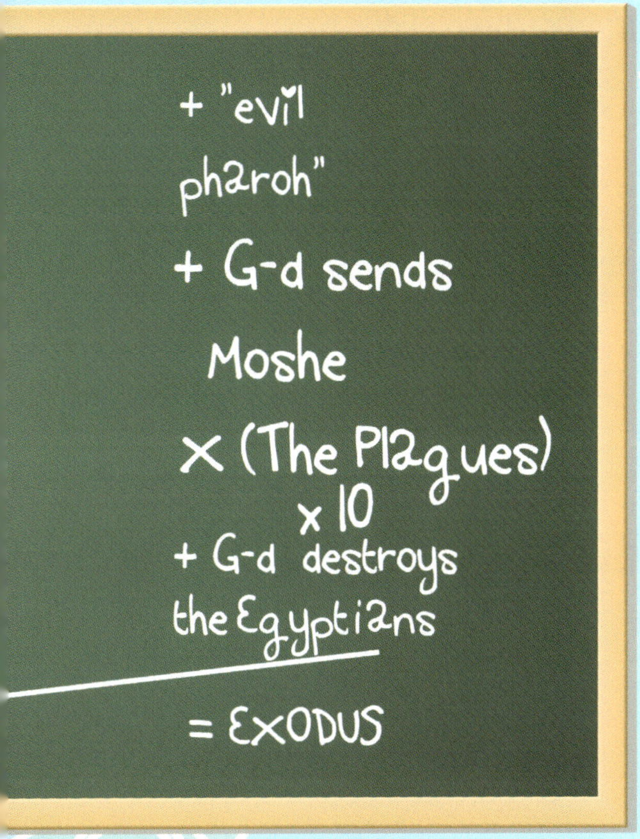

Blessed is Our God, Blessed is He! Blessed is Our God who gave the Torah to the entire nation of Israel.

blessed
blessed
blessed
blessed

בָּרוּךְ הַמָּקוֹם, בָּרוּךְ הוּא. בָּרוּךְ שֶׁנָּתַן
תּוֹרָה לְעַמּוֹ יִשְׂרָאֵל! -- בָּרוּךְ הוּא!

The Torah tells of 4 sons.

One who is wise, one who is contrary, one who is simple and one who does not even know how to ask a question.

The wise one, what does he say? "What are the testimonies, the statutes and the laws which the Eternal our God has commanded you?" You, in turn shall instruct him that one should end the meal with the Afikomen and then conclude the seder.

The wicked one, what does he say? "What is this service to you?!" He says 'to you' but not to him! By thus excluding himself from the community he has denied that which is fundamental. You, therefore, blunt his teeth and say to him: "It is because of this that the Lord did for me when I left Egypt"; `for me' - but not for him! If he had been there, he would not have been redeemed!"

The simpleton, what does he say? "What is this?" Thus you shall say to him: "With a strong hand the Lord took us out of Egypt, from the house of slaves."

As for the one who does not know how to ask, you must initiate him, as it is said: "You shall tell your child on that day, `It is because of this that the Lord did for me when I left Egypt.'"

כְּנֶגֶד אַרְבָּעָה בָנִים דִּבְּרָה תוֹרָה

אֶחָד חָכָם, וְאֶחָד רָשָׁע, וְאֶחָד תָּם, וְאֶחָד שֶׁאֵינוֹ יוֹדֵעַ לִשְׁאוֹל.

חָכָם מָה הוּא אוֹמֵר? מַה הָעֵדוֹת וְהַחֻקִּים וְהַמִּשְׁפָּטִים אֲשֶׁר צִוָּה יי אֱלֹהֵינוּ אֶתְכֶם? וְאַף אַתָּה אֱמָר לוֹ כְּהִלְכוֹת הַפֶּסַח: אֵין מַפְטִירִין אַחַר הַפֶּסַח אֲפִיקוֹמָן.

רָשָׁע מָה הוּא אוֹמֵר? מָה הָעֲבֹדָה הַזֹּאת לָכֶם? לָכֶם - וְלֹא לוֹ. וּלְפִי שֶׁהוֹצִיא אֶת עַצְמוֹ מִן הַכְּלָל כָּפַר בְּעִקָּר. וְאַף אַתָּה הַקְהֵה אֶת שִׁנָּיו וֶאֱמֹר לוֹ: בַּעֲבוּר זֶה עָשָׂה יי לִי בְּצֵאתִי מִמִּצְרָיִם. לִי - וְלֹא לוֹ. אִלּוּ הָיָה שָׁם, לֹא הָיָה נִגְאָל.

תָּם מָה הוּא אוֹמֵר? מַה זֹּאת? וְאָמַרְתָּ אֵלָיו: בְּחֹזֶק יָד הוֹצִיאָנוּ יי מִמִּצְרָיִם, מִבֵּית עֲבָדִים.

וְשֶׁאֵינוֹ יוֹדֵעַ לִשְׁאוֹל - אַתְּ פְּתַח לוֹ, שֶׁנֶּאֱמַר: וְהִגַּדְתָּ לְבִנְךָ בַּיּוֹם הַהוּא לֵאמֹר, בַּעֲבוּר זֶה עָשָׂה יי לִי בְּצֵאתִי מִמִּצְרָיִם.

One may think that [the discussion of the Exodus] must be from the first of the month. The Torah therefore says, `On that day.' `On that day,' however, could mean while it is yet daytime; the Torah therefore says, `It is because of this.' The expression `because of this' can only be said when matzah and maror are placed before you at night.

יָכוֹל מֵרֹאשׁ חֹדֶשׁ, תַּלְמוּד
לוֹמַר בַּיּוֹם הַהוּא: אִי בַּיּוֹם
הַהוּא יָכוֹל מִבְּעוֹד יוֹם,
תַּלְמוּד לוֹמַר בַּעֲבוּר זֶה -
בַּעֲבוּר זֶה לֹא אָמַרְתִּי אֶלָּא
בְּשָׁעָה שֶׁיֵּשׁ מַצָּה וּמָרוֹר
מֻנָּחִים לְפָנֶיךָ.

Our Forefathers served idols.

But now we only worship The Eternal, our God. Joshua told all of Israel, 'And God said, "Your forefathers resided on the other side of the river - Terach, the father of Avraham and the father of Nachor, and they served other gods."

"I took your forefather Avraham from beyond the river, and I led him throughout the whole land of Canaan. I increased his seed and gave him Isaac."

"To Isaac I gave Yacov and Esau. To Esau I gave Mount Seir to possess it and Yacov and his sons went down to Egypt."

מִתְּחִלָּה עוֹבְדֵי עֲבוֹדָה זָרָה הָיוּ אֲבוֹתֵינוּ.

וְעַכְשָׁיו קֵרְבָנוּ הַמָּקוֹם לַעֲבֹדָתוֹ, שֶׁנֶּאֱמַר: וַיֹּאמֶר יְהוֹשֻׁעַ אֶל כָּל הָעָם, כֹּה אָמַר יי אֱלֹהֵי יִשְׂרָאֵל: בְּעֵבֶר הַנָּהָר יָשְׁבוּ אֲבוֹתֵיכֶם מֵעוֹלָם, תֶּרַח אֲבִי אַבְרָהָם וַאֲבִי נָחוֹר, וַיַּעַבְדוּ אֱלֹהִים אֲחֵרִים: וָאֶקַּח אֶת אֲבִיכֶם אֶת אַבְרָהָם מֵעֵבֶר הַנָּהָר וָאוֹלֵךְ אוֹתוֹ בְּכָל אֶרֶץ כְּנָעַן, וָאַרְבֶּה אֶת זַרְעוֹ וָאֶתֵּן לוֹ אֶת יִצְחָק: וָאֶתֵּן לְיִצְחָק אֶת יַעֲקֹב וְאֶת עֵשָׂו. וָאֶתֵּן לְעֵשָׂו אֶת הַר שֵׂעִיר לָרֶשֶׁת אֹתוֹ, וְיַעֲקֹב וּבָנָיו יָרְדוּ מִצְרָיִם.

Blessed is God who keeps his promise to Israel, blessed is He!

For the Holy One, blessed is He, foretold the end of slavery, in order to do as He had promised in his covenant to Avraham.

As it is said: "And He said to Avraham, `You shall know that your seed will be strangers in a land that is not theirs, and they will be enslaved and opressed for four hundred years. But I shall then judge the nation to whom they are enslaved, and they will later come out with great wealth.'"
*Raise wine & cover matza and say: "The promise made to our forefathers holds true also for us."

בָּרוּךְ שׁוֹמֵר הַבְטָחָתוֹ לְיִשְׂרָאֵל, בָּרוּךְ הוּא!

שֶׁהַקָּדוֹשׁ בָּרוּךְ הוּא חִשַּׁב אֶת הַקֵּץ לַעֲשׂוֹת כְּמָה שֶּׁאָמַר לְאַבְרָהָם אָבִינוּ בִּבְרִית בֵּין הַבְּתָרִים.

שֶׁנֶּאֱמַר: וַיֹּאמֶר לְאַבְרָם, יָדֹעַ תֵּדַע כִּי גֵר יִהְיֶה זַרְעֲךָ בְּאֶרֶץ לֹא לָהֶם, וַעֲבָדוּם וְעִנּוּ אֹתָם אַרְבַּע מֵאוֹת שָׁנָה. וְגַם אֶת הַגּוֹי אֲשֶׁר יַעֲבֹדוּ דָּן אָנֹכִי וְאַחֲרֵי כֵן יֵצְאוּ בִּרְכֻשׁ גָּדוֹל. *לְהָרִים כּוֹס יַיִן וְלִכְסוּת אֶת הַמַּצָּה.

For not just one alone has risen up against us to destroy us! but in every generation they rise up against us to destroy us; and the Holy One, Blessed is He, saves us from their hand!

Who do these Jews think they are?

Jews are smart and they take all our jobs.

Jews are creative and they control the media.

Jews don't have a right to have a country.

Jews should go back to Germany.

I'm not anti semitic, I'm just anti-israel.

What makes them so special?

Jews should go back to Egypt.

Listen to this song filled with anti-semitic lyrics!

Israeli men are too buff and they take all the women.

Kristallnacht,
“The Night of Broken Glass”:
November 9, 1938, an event that
many historians define
as the beginning of
the Holocaust.

וְהִיא שֶׁעָמְדָה לַאֲבוֹתֵינוּ וְלָנוּ? שֶׁלֹּא אֶחָד בִּלְבָד
עָמַד עָלֵינוּ לְכַלּוֹתֵנוּ, אֶלָּא שֶׁבְּכָל דּוֹר וָדוֹר עוֹמְדִים
עָלֵינוּ לְכַלּוֹתֵנוּ, וְהַקָּדוֹשׁ בָּרוּךְ הוּא מַצִּילֵנוּ מִיָּדָם.

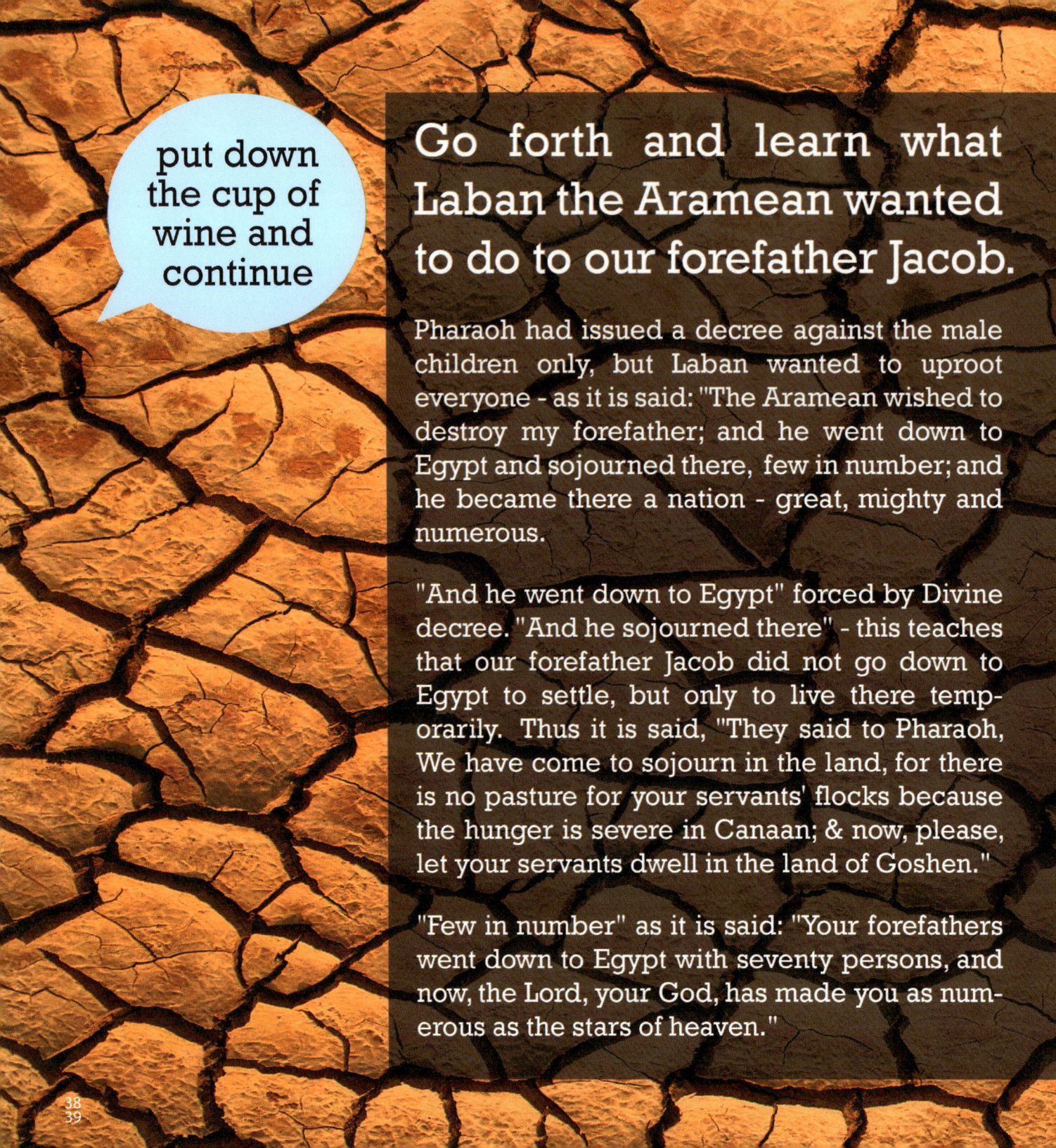

put down the cup of wine and continue

Go forth and learn what Laban the Aramean wanted to do to our forefather Jacob.

Pharaoh had issued a decree against the male children only, but Laban wanted to uproot everyone - as it is said: "The Aramean wished to destroy my forefather; and he went down to Egypt and sojourned there, few in number; and he became there a nation - great, mighty and numerous.

"And he went down to Egypt" forced by Divine decree. "And he sojourned there" - this teaches that our forefather Jacob did not go down to Egypt to settle, but only to live there temporarily. Thus it is said, "They said to Pharaoh, We have come to sojourn in the land, for there is no pasture for your servants' flocks because the hunger is severe in Canaan; & now, please, let your servants dwell in the land of Goshen."

"Few in number" as it is said: "Your forefathers went down to Egypt with seventy persons, and now, the Lord, your God, has made you as numerous as the stars of heaven."

הַנִּיחַ הַכּוֹס הַיַּיִן וְתַמְשִׁיךְ

צֵא וּלְמַד מַה בִּקֵּשׁ לָבָן הָאֲרַמִּי לַעֲשׂוֹת לְיַעֲקֹב אָבִינוּ.

שֶׁפַּרְעֹה לֹא גָזַר אֶלָּא עַל הַזְּכָרִים וְלָבָן בִּקֵּשׁ לַעֲקוֹר אֶת הַכֹּל, שֶׁנֶּאֱמַר: אֲרַמִּי אֹבֵד אָבִי, וַיֵּרֶד מִצְרַיְמָה וַיָּגָר שָׁם בִּמְתֵי מְעָט, וַיְהִי שָׁם לְגוֹי גָּדוֹל, עָצוּם וָרָב.

וַיֵּרֶד מִצְרַיְמָה - אָנוּס עַל פִּי הַדִּבּוּר.

וַיָּגָר שָׁם - מְלַמֵּד שֶׁלֹּא יָרַד יַעֲקֹב אָבִינוּ לְהִשְׁתַּקֵּעַ בְּמִצְרַיִם אֶלָּא לָגוּר שָׁם, שֶׁנֶּאֱמַר: וַיֹּאמְרוּ אֶל פַּרְעֹה, לָגוּר בָּאָרֶץ בָּאנוּ, כִּי אֵין מִרְעֶה לַצֹּאן אֲשֶׁר לַעֲבָדֶיךָ, כִּי כָבֵד הָרָעָב בְּאֶרֶץ כְּנָעַן. וְעַתָּה יֵשְׁבוּ נָא עֲבָדֶיךָ בְּאֶרֶץ גֹּשֶׁן.

בִּמְתֵי מְעָט - כְּמָה שֶׁנֶּאֱמַר: בְּשִׁבְעִים נֶפֶשׁ יָרְדוּ אֲבוֹתֶיךָ מִצְרָיְמָה, וְעַתָּה שָׂמְךָ יי אֱלֹהֶיךָ כְּכוֹכְבֵי הַשָּׁמַיִם לָרֹב.

"There Israel became a great nation."

This teaches us that Israel was distinguished there. "Great, mighty," as it is said: "And the children of Israel were fruitful and increased abundantly, and multiplied and became very mighty and the land became filled with them."

"And numerous," as it is said: "I caused you to thrive like the plants of the field."

"You increased and grew & reached to excellence in beauty. You were fully grown yet you remained naked & bare."

וַיְהִי שָׁם לְגוֹי - מְלַמֵּד
שֶׁהָיוּ יִשְׂרָאֵל מְצֻיָּנִים
שָׁם.

גָּדוֹל, עָצוּם - כְּמָה שֶׁנֶּאֱמַר: וּבְנֵי
יִשְׂרָאֵל פָּרוּ וַיִּשְׁרְצוּ וַיִּרְבּוּ וַיַּעַצְמוּ
בִּמְאֹד מְאֹד, וַתִּמָּלֵא הָאָרֶץ אֹתָם.

וָרָב - כְּמָה שֶׁנֶּאֱמַר: רְבָבָה כְּצֶמַח
הַשָּׂדֶה נְתַתִּיךְ, וַתִּרְבִּי וַתִּגְדְּלִי
וַתָּבֹאִי בַּעֲדִי עֲדָיִים, שָׁדַיִם נָכֹנוּ
וּשְׂעָרֵךְ צִמֵּחַ, וְאַתְּ עֵרֹם וְעֶרְיָה.

"The Egyptians treated us badly."

They caused us to suffer and put hard work upon us". "The Egyptians dealt evily with us" as it is said: Come, let us act cunningly with them lest they multiply & if there should be a war against us, they will join our enemies, fight against us & leave the land."

"And they made us suffer," as it is said: "They set taskmasters over Israel to make them suffer with their burdens and they built storage cities for Pharaoh, Pitom & Ramses."

"And they put hard work upon us," as it is said: "The Egyptians made the children of Israel work with rigor. And they made their lives bitter with hard work, with mortar & with bricks and all manner of service in the field, all their work which they made them work with rigor. And we cried out to the Lord, the God of our forefathers, & the Lord heard our voice & saw our suffering, our labor and our oppression".

וַיָּרֵעוּ אֹתָנוּ הַמִּצְרִים וַיְעַנּוּנוּ וַיִּתְּנוּ עָלֵינוּ עֲבֹדָה קָשָׁה.

וירעו אֹתָנוּ הַמִּצְרִים - כְּמָה שֶׁנֶּאֱמַר: הָבָה נִתְחַכְּמָה לוֹ פֶּן יִרְבֶּה, וְהָיָה כִּי תִקְרֶאנָה מִלְחָמָה וְנוֹסַף גַּם הוּא עַל שֹׂנְאֵינוּ וְנִלְחַם בָּנוּ, וְעָלָה מִן הָאָרֶץ.

וַיְעַנּוּנוּ - כְּמָה שֶׁנֶּאֱמַר: וַיָּשִׂימוּ עָלָיו שָׂרֵי מִסִּים לְמַעַן עַנֹּתוֹ בְּסִבְלֹתָם. וַיִּבֶן עָרֵי מִסְכְּנוֹת לְפַרְעֹה אֶת פִּתֹם וְאֶת רַעַמְסֵס. וַיִּתְּנוּ עָלֵינוּ עֲבֹדָה קָשָׁה - כְּמָה שֶׁנֶּאֱמַר: וַיַּעֲבִדוּ מִצְרַיִם אֶת בְּנֵי יִשְׂרָאֵל בְּפָרֶךְ. וַנִּצְעַק אֶל יי אֱלֹהֵי אֲבֹתֵינוּ, וַיִּשְׁמַע יי אֶת קֹלֵנוּ, וַיַּרְא אֶת עָנְיֵנוּ וְאֶת עֲמָלֵנוּ וְאֶת לַחֲצֵנוּ. וַנִּצְעַק אֶל יי אֱלֹהֵי אֲבֹתֵינוּ. כְּמָה שֶׁנֶּאֱמַר:

As it is said, “During that long period the king of Egypt died and the children of Israel groaned because of **their servitude”**

וַיְהִי בַיָּמִים הָרַבִּים הָהֵם
וַיָּמָת מֶלֶךְ מִצְרַים וַיֵּאָנְחוּ בְּנֵי
יִשְׂרָאֵל מִן הָעֲבוֹדָה וַיִּזְעָקוּ וַתַּעַל
שַׁוְעָתָם אֶל הָאֱלֹהִים מִן הָעֲבֹדָה.

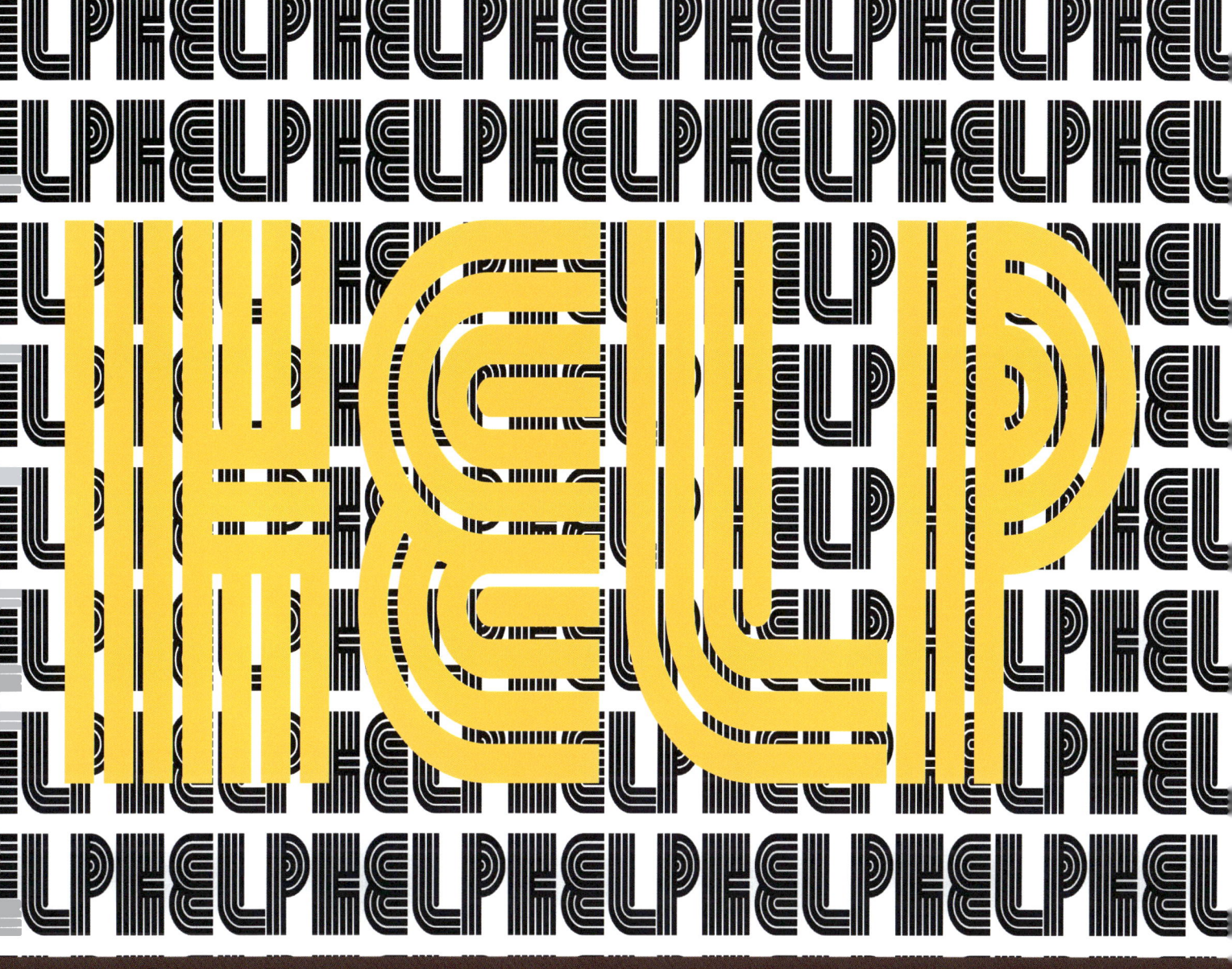

And The Lord heard our voice.

וַיִּשְׁמַע יי אֶת קֹלֵנוּ׃

"And the Lord heard our voice as it is said."

"And God heard their groaning and remembered His covenant with Avraham, Yitzhak and Yacov."

"And he saw our suffering," this refers to the separation of husband & wife, as it is said: "God saw the children of Israel and God took note."

"Our labor," this refers to the "children," as it is said: "Every boy that is born, you shall throw into the river and every girl you shall keep alive."

"And our oppression," this refers to the pressure, as it is said: "I have seen the oppression with which the Egyptians oppress them."

"The Lord took as out of Egypt with a strong hand and an outstretched arm, and with a great manifestation, and with signs and wonders."

"The Lord took us out of Egypt," not through an angel, not through a seraph and not through an agent. The Holy One, blessed is He, did it in His glory by Himself!

וַיִּשְׁמַע יי אֶת קֹלֵנוּ כְּמָה שֶׁנֶּאֱמַר:

וַיִּשְׁמַע אֱלֹהִים אֶת נַאֲקָתָם, וַיִּזְכֹּר אֱלֹהִים אֶת בְּרִיתוֹ אֶת אַבְרָהָם, אֶת יִצְחָק וְאֶת יַעֲקֹב.

וַיַּרְא אֶת עָנְיֵנוּ - זוֹ פְּרִישׁוּת דֶּרֶךְ אֶרֶץ, כְּמָה שֶׁנֶּאֱמַר: וַיַּרְא אֱלֹהִים אֶת בְּנֵי יִשְׂרָאֵל וַיֵּדַע אֱלֹהִים.

וְאֶת עֲמָלֵנוּ - אֵלּוּ הַבָּנִים. כְּמָה שֶׁנֶּאֱמַר: כָּל הַבֵּן הַיִּלּוֹד הַיְאֹרָה תַּשְׁלִיכֻהוּ וְכָל הַבַּת תְּחַיּוּן.

וְאֶת לַחֲצֵנוּ - זֶו הַדְּחַק, כְּמָה שֶׁנֶּאֱמַר: וְגַם רָאִיתִי אֶת הַלַּחַץ אֲשֶׁר מִצְרַיִם לֹחֲצִים אֹתָם.

וַיּוֹצִאֵנוּ יי מִמִּצְרַיִם בְּיָד חֲזָקָה וּבִזְרֹעַ נְטוּיָה, וּבְמֹרָא גָּדֹל, וּבְאֹתוֹת וּבְמֹפְתִים.

וַיּוֹצִאֵנוּ יי מִמִּצְרַיִם - לֹא עַל יְדֵי מַלְאָךְ, וְלֹא עַל יְדֵי שָׂרָף, וְלֹא עַל יְדֵי שָׁלִיחַ, אֶלָּא הַקָּדוֹשׁ בָּרוּךְ הוּא בִּכְבוֹדוֹ וּבְעַצְמוֹ.

As it is said, "In that night I will pass through the land of Egypt."

"And I will smite every first-born in the land of Egypt, from man to beast, and I will carry out judgments against all the gods of Egypt, I the Lord."

"I will pass through the land of Egypt," I and not an angel;

"And I will smite the first-born in the land of Egypt," I and not a seraph;

"And I will carry out judgments against all the gods of Egypt," I and not a messenger;

"I the Eternal" - and no other.

שֶׁנֶּאֱמַר: וְעָבַרְתִּי בְאֶרֶץ מִצְרַיִם בַּלַּיְלָה הַזֶּה.

וְהִכֵּיתִי כָל בְּכוֹר בְּאֶרֶץ מִצְרַיִם מֵאָדָם וְעַד בְּהֵמָה, וּבְכָל אֱלֹהֵי מִצְרַיִם אֶעֱשֶׂה שְׁפָטִים. אֲנִי יי.

וְעָבַרְתִּי בְאֶרֶץ מִצְרַיִם בַּלַּיְלָה הַזֶּה - אֲנִי וְלֹא מַלְאָךְ.

וְהִכֵּיתִי כָל בְּכוֹר בְּאֶרֶץ מִצְרַיִם - אֲנִי וְלֹא שָׂרָף.

וּבְכָל אֱלֹהֵי מִצְרַיִם אֶעֱשֶׂה שְׁפָטִים - אֲנִי וְלֹא הַשָּׁלִיחַ.

אֲנִי יי - אֲנִי הוּא וְלֹא אַחֵר.

"With a strong hand.", this refers to the pestilence.

as it is said. "Behold, the hand of the Lord will be upon your livestock in the field, upon the horses, the donkeys, the camels, the herds of the flocks, a very severe pestilence."

"And with an outstretched arm," this refers to the sword, as it is said: "His sword was drawn, in his hand, stretched out over Jerusalem." "And with a great manifestation," this refers to the revelation of the Shechinah, as it is said: "Has any god ever tried to take for himself a nation from the midst of another nation, with trials, signs and wonders, with war and with a strong hand and an outstretched arm, and with great manifestations, like all that the Lord your God, did for you in Egypt before your eyes!" "And with signs," this refers to the staff, as it is said: "Take into your hand this staff with which you shall perform the signs." "And wonders," this refers to the blood, as it is said: "And I shall show wonders in heaven and on earth."

BLOOD, FIRE, AND PILLARS OF SMOKE.

Another explanation: "Strong hand" indicates two plagues; "Outstretched arm," another two" Great manifestation," another two "Signs" another two; and "Wonders," another two.

80%

80% of the Jewish people stayed behind in Egypt. They resisted change.

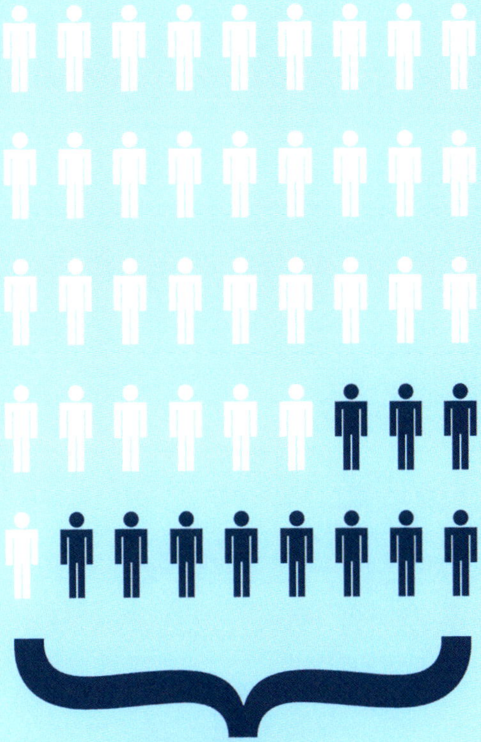

20%

Only 20% of the Jewish people left egypt. They could see a brighter future and had faith that God would take care of them.

בְּיָד חֲזָקָה - זוֹ הַדֶּבֶר כְּמָה שֶׁנֶּאֱמַר:

הִנֵּה יַד יי הוֹיָה בְּמִקְנְךָ אֲשֶׁר בַּשָּׂדֶה, בַּסּוּסִים, בַּחֲמֹרִים, בַּגְּמַלִּים, בַּבָּקָר וּבַצֹּאן, דֶּבֶר כָּבֵד מְאֹד. וּבִזְרֹעַ נְטוּיָה - זוֹ הַחֶרֶב, כְּמָה שֶׁנֶּאֱמַר: וְחַרְבּוֹ שְׁלוּפָה בְּיָדוֹ, נְטוּיָה עַל יְרוּשָׁלַיִם.

וּבְמֹרָא גָּדֹל - זוֹ גִּלּוּי שְׁכִינָה, כְּמָה שֶׁנֶּאֱמַר: אוֹ הֲנִסָּה אֱלֹהִים לָבוֹא לָקַחַת לוֹ גוֹי מִקֶּרֶב גּוֹי בְּמַסֹּת בְּאֹתֹת וּבְמוֹפְתִים, וּבְמִלְחָמָה וּבְיָד חֲזָקָה וּבִזְרוֹעַ נְטוּיָה, וּבְמוֹרָאִים גְּדֹלִים, כְּכֹל אֲשֶׁר עָשָׂה לָכֶם יי אֱלֹהֵיכֶם בְּמִצְרַיִם לְעֵינֶיךָ. וּבְאֹתוֹת - זֶה הַמַּטֶּה, כְּמָה שֶׁנֶּאֱמַר: וְאֶת הַמַּטֶּה הַזֶּה תִּקַּח בְּיָדֶךָ, אֲשֶׁר תַּעֲשֶׂה בּוֹ אֶת הָאֹתֹת. וּבְמֹפְתִים - זֶה הַדָּם, כְּמָה שֶׁנֶּאֱמַר: וְנָתַתִּי מוֹפְתִים בַּשָּׁמַיִם וּבָאָרֶץ.

דָּם. וָאֵשׁ. וְתִימְרוֹת עָשָׁן.

דָּבָר אַחֵר: בְּיָד חֲזָקָה - שְׁתַּיִם, וּבִזְרֹעַ נְטוּיָה - שְׁתַּיִם, וּבְמֹרָא גָּדֹל - שְׁתַּיִם, וּבְאֹתוֹת - שְׁתַּיִם, וּבְמֹפְתִים - שְׁתַּיִם.

"Blood, Fire,

and pillars
of smoke"

These are the **ten plagues** which The Holy One Blessed be He, brought upon the Egyptians:

אֵלּוּ עֶשֶׂר מַכּוֹת שֶׁהֵבִיא הַקָּדוֹשׁ בָּרוּךְ הוּא עַל הַמִּצְרִים בְּמִצְרַיִם, וְאֵלּוּ הֵן:

10

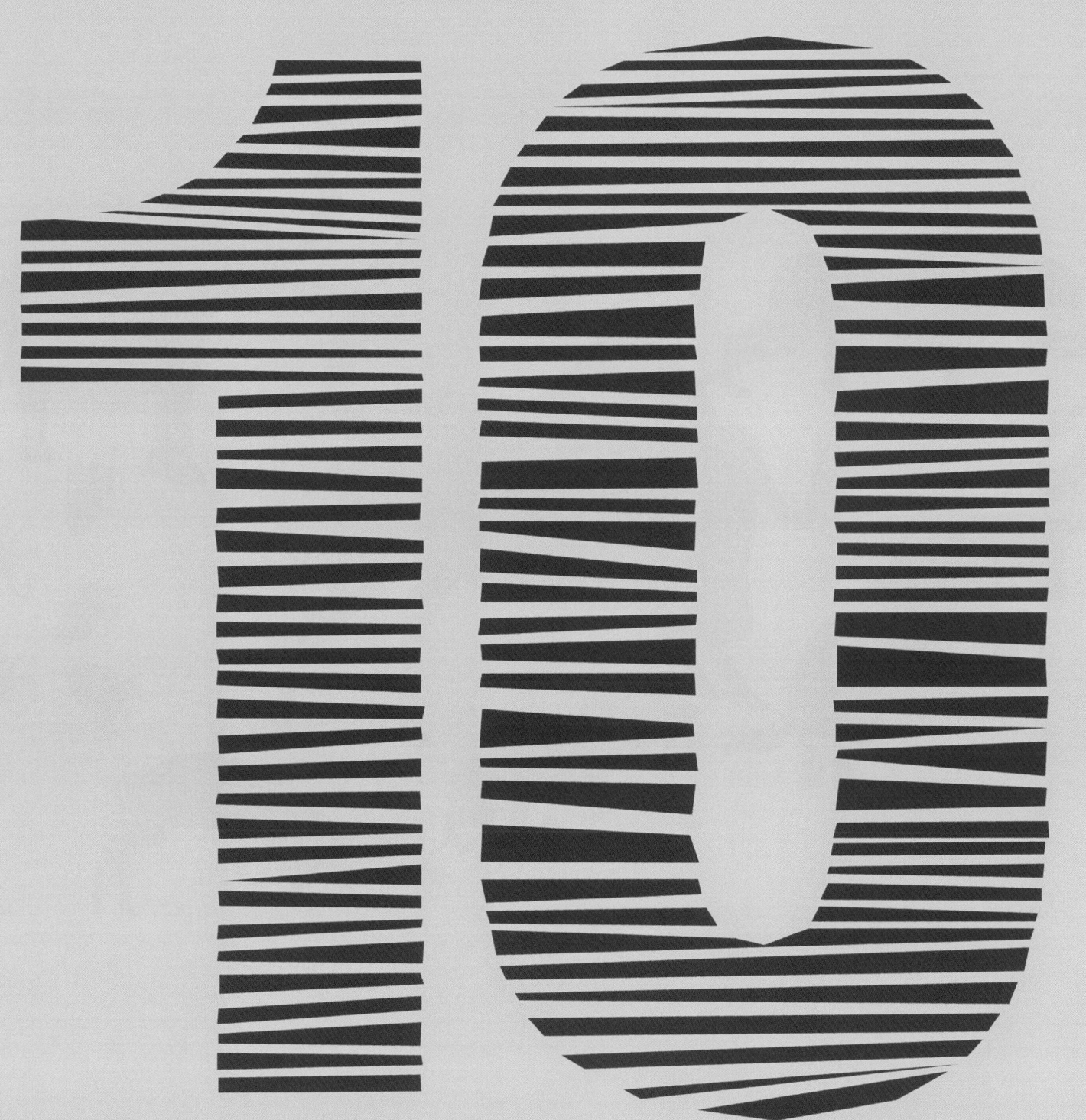

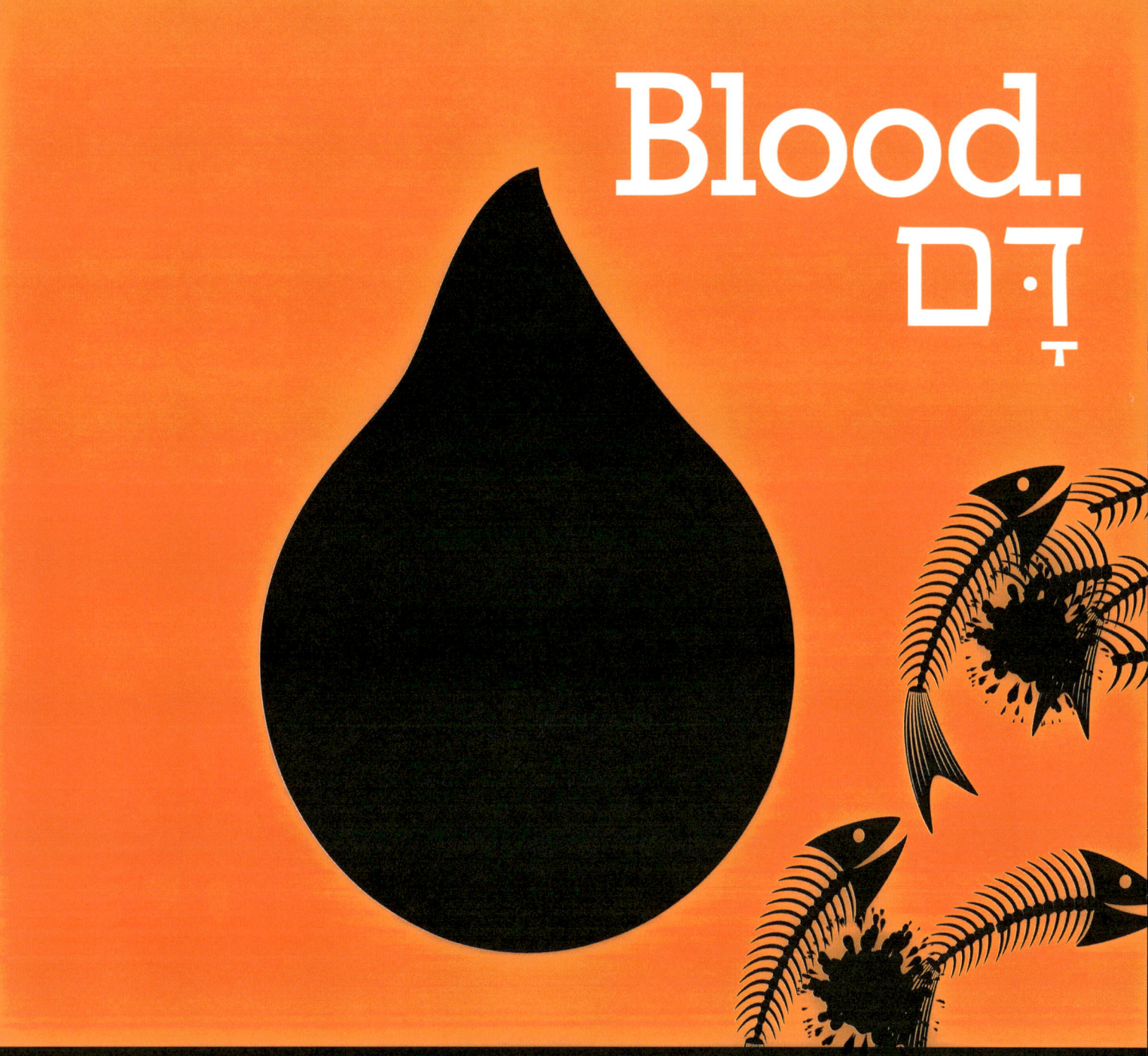

Blood.
דָּם

*For each plague spill a drop of wine.

צְפַרְדֵּעַ
Frogs.

Lice.

כִּנִּים

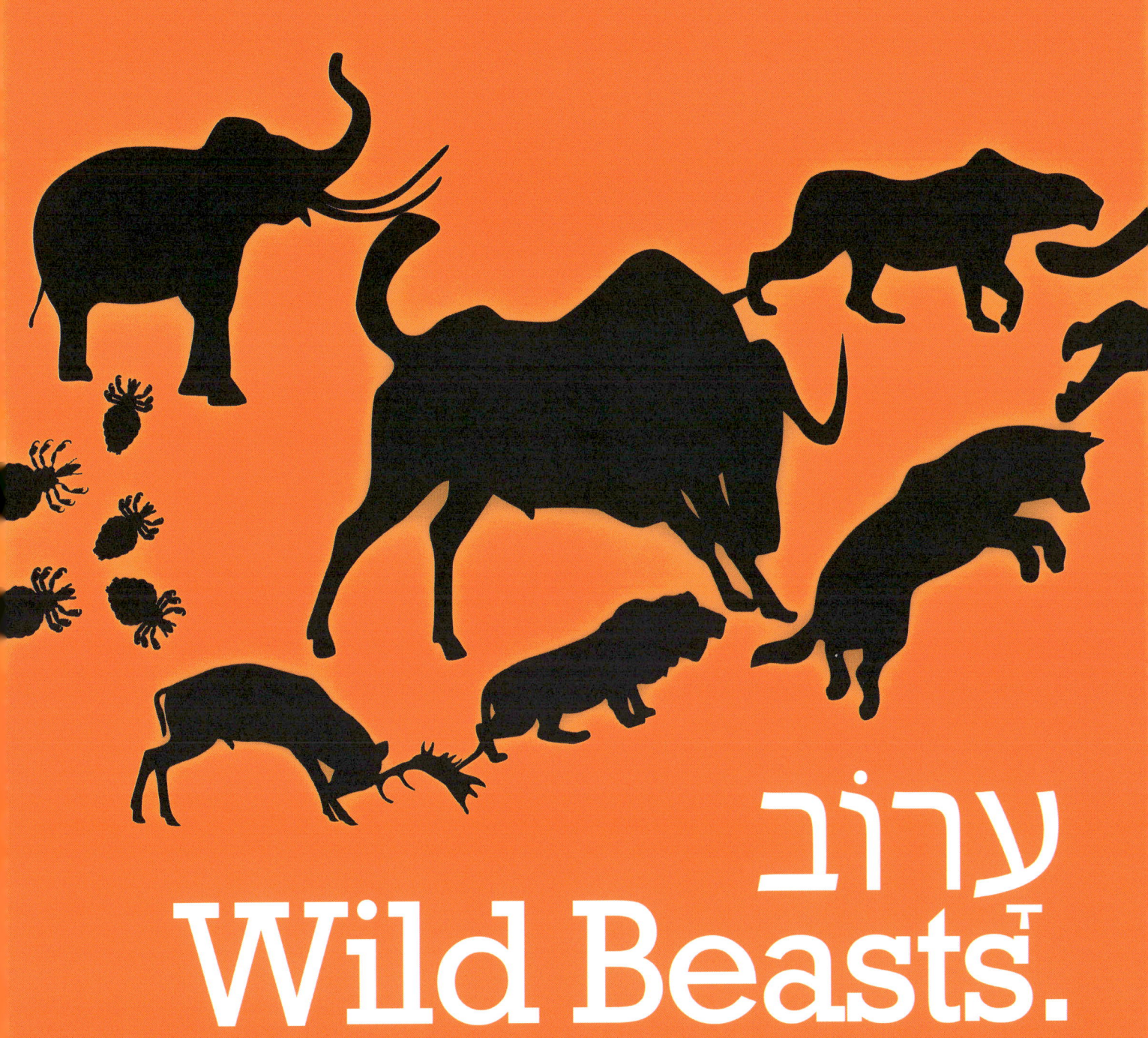

עָרוֹב
Wild Beasts.

Pestilence.
דֶּבֶר

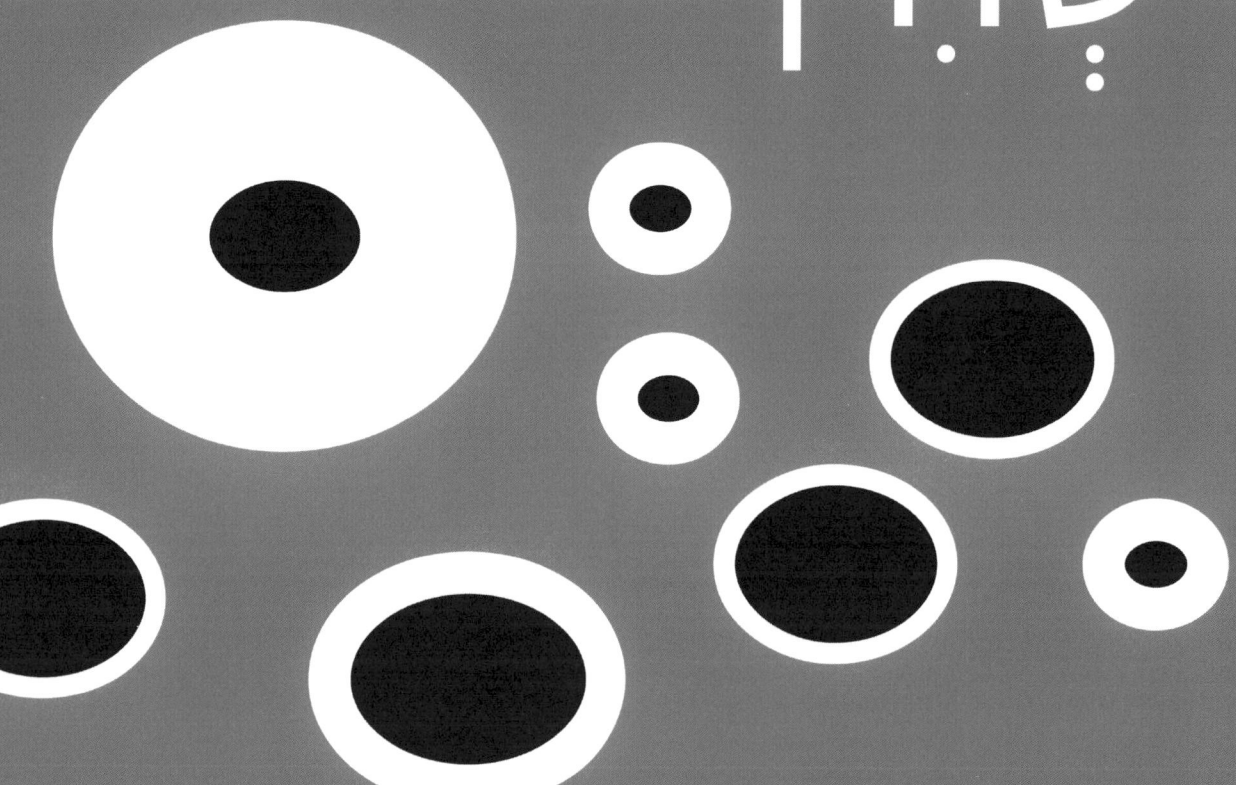

Boils.
שְחִין

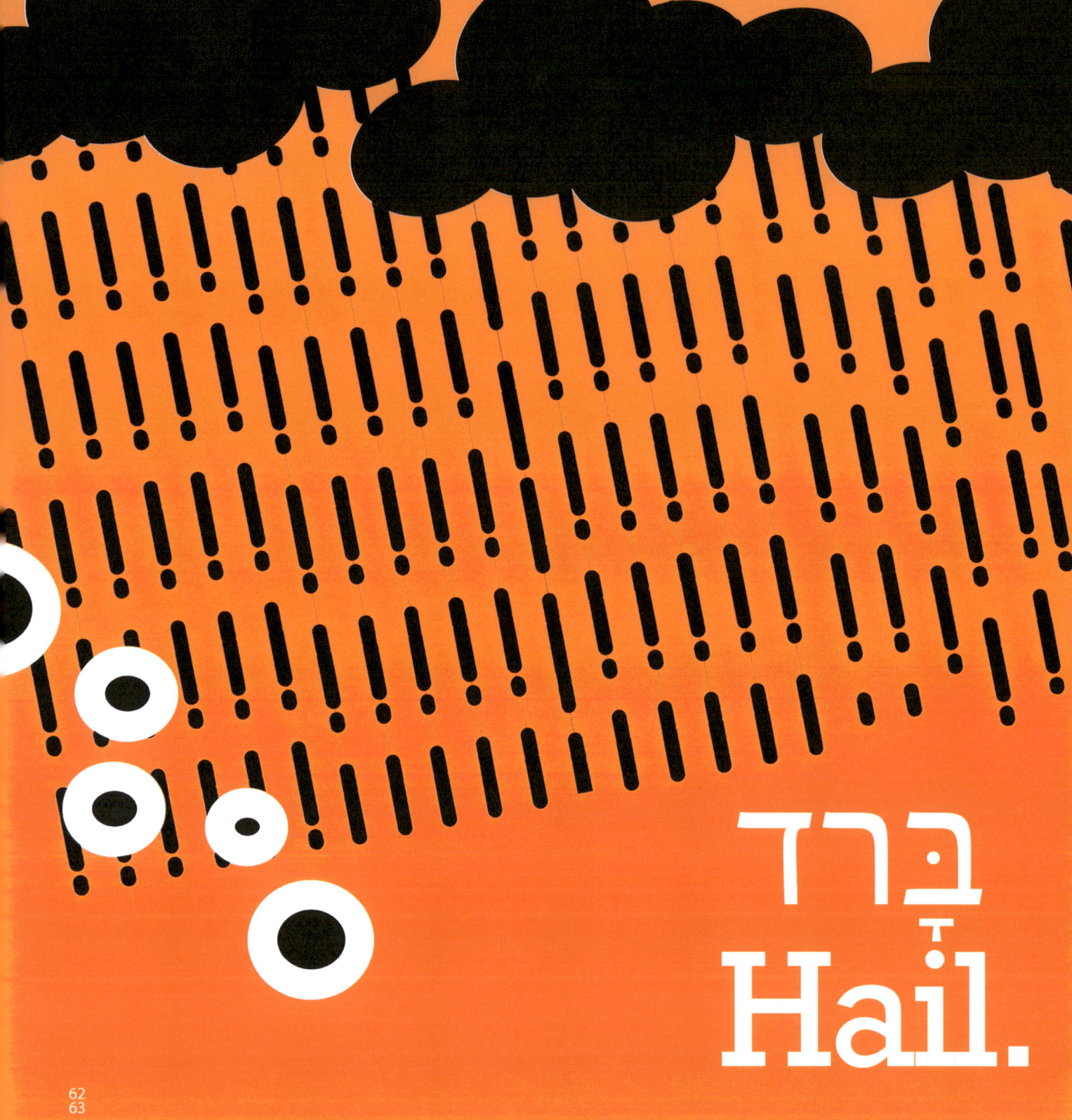

בּרָד
Hail.

Locusts.
אַרְבֶּה

Darkness.

66
67

חֹשֶׁךְ

Slaying of the first born

מַכַּת
בְּכוֹרוֹת

דְּצַ"ךְ
עֲדַ"שׁ
בְּאַחַ"ב

*רַבִּי יְהוּדָה הָיָה
נוֹתֵן בָּהֶם סִמָּנִים

*Rabbi Yehuda
referred to them
by these acronyms

DeTzaCh
ADaSh
BeAChav

250

Rabbi Yose the Gallilean said:

How do you know that the Egyptians were stricken by ten plagues in Egypt, & then were struck by fifty plagues at the sea? In Egypt it says of them, "The magicians said to Pharaoh 'This is the finger of God.' At the sea it says, "Israel saw the great hand that the Lord laid against Egypt; and the people feared the Lord, and they believed in the Lord and in His servant Moshe." Now, how often were they smitten by 'the finger'? Ten plagues! Thus you can conclude that in Egypt they were smitten by ten plagues, at the sea they were smitten by fifty plagues!

Rabbi Eliezer said: How do we know that each individual plague which the Holy One, blessed be He, brought upon the Egyptians in Egypt consisted of four plagues? For it is said: "He sent against them His fierce anger, fury, and indignation, and trouble, a discharge of messengers of evil": 'Fury,' is one; 'Indignation,' makes two; 'Trouble,' makes three; 'Discharge of messengers of evil,' makes four. Thus you must now say that in Egypt they were struck by forty plagues, and at the sea they were stricken by two hundred plagues. Rabbi Akiva said: How do we know that each individual plague which the Holy One, blessed be He, brought upon the Egyptians in Egypt consisted of five plagues? For it is said: "He sent against them his fierce anger, fury, and indignation, and trouble, a discharge of messengers of evil": "His fierce anger," is one; "fury," makes two; "indignation," makes three; "trouble," makes four; "discharge of messengers of evil," makes five. Thus you must now say that in Egypt they were struck by fifty plagues, & at the sea they were stricken by two hundred & fifty plagues.

רַבִּי יוֹסֵי הַגְּלִילִי אוֹמֵר:

מִנַּיִן אַתָּה אוֹמֵר שֶׁלָּקוּ הַמִּצְרִים בְּמִצְרַיִם עֶשֶׂר מַכּוֹת וְעַל הַיָּם לָקוּ חֲמִשִּׁים מַכּוֹת? בְּמִצְרַיִם מַה הוּא אוֹמֵר? וַיֹּאמְרוּ הַחַרְטֻמִּם אֶל פַּרְעֹה: אֶצְבַּע אֱלֹהִים הִוא, וְעַל הַיָּם מַה הוּא אוֹמֵר? וַיַּרְא יִשְׂרָאֵל אֶת הַיָּד הַגְּדֹלָה אֲשֶׁר עָשָׂה יי בְּמִצְרַיִם, וַיִּירְאוּ הָעָם אֶת יי, וַיַּאֲמִינוּ בַּיי וּבְמשֶׁה עַבְדּוֹ. כַּמָּה לָקוּ בְאֶצְבַּע? עֶשֶׂר מַכּוֹת. אֱמוֹר מֵעַתָּה: בְּמִצְרַיִם לָקוּ עֶשֶׂר מַכּוֹת וְעַל הַיָּם לָקוּ חֲמִשִּׁים מַכּוֹת.

רַבִּי אֱלִיעֶזֶר אוֹמֵר: מִנַּיִן שֶׁכָּל מַכָּה וּמַכָּה שֶׁהֵבִיא הַקָּדוֹשׁ בָּרוּךְ הוּא עַל הַמִּצְרִים בְּמִצְרַיִם הָיְתָה שֶׁל אַרְבַּע מַכּוֹת? שֶׁנֶּאֱמַר: יְשַׁלַּח בָּם חֲרוֹן אַפּוֹ, עֶבְרָה וָזַעַם וְצָרָה, מִשְׁלַחַת מַלְאֲכֵי רָעִים. עֶבְרָה - אַחַת, וָזַעַם - שְׁתַּיִם, וְצָרָה - שָׁלֹשׁ, מִשְׁלַחַת מַלְאֲכֵי רָעִים - אַרְבַּע. אֱמוֹר מֵעַתָּה: בְּמִצְרַיִם לָקוּ אַרְבָּעִים מַכּוֹת וְעַל הַיָּם לָקוּ מָאתַיִם מַכּוֹת.

רַבִּי עֲקִיבָא אוֹמֵר: מִנַּיִן שֶׁכָּל מַכָּה וּמַכָּה שֶׁהֵבִיא הַקָּדוֹשׁ בָּרוּךְ הוּא עַל הַמִּצְרִים בְּמִצְרַיִם הָיְתָה שֶׁל חָמֵשׁ מַכּוֹת? שֶׁנֶּאֱמַר: יְשַׁלַּח בָּם חֲרוֹן אַפּוֹ, עֶבְרָה וָזַעַם וְצָרָה, מִשְׁלַחַת מַלְאֲכֵי רָעִים. חֲרוֹן אַפּוֹ- אַחַת,, עֶבְרָה - שְׁתַּיִם, וָזַעַם - שָׁלוֹשׁ, וְצָרָה - אַרְבַּע, מִשְׁלַחַת מַלְאֲכֵי רָעִים - חָמֵשׁ. אֱמוֹר מֵעַתָּה: בְּמִצְרַיִם לָקוּ חֲמִשִּׁים מַכּוֹת וְעַל הַיָּם לָקוּ חֲמִשִּׁים וּמָאתַיִם מַכּוֹת.

250

HOW MANY LEVELS OF FAVOR HAS G-D BESTOWED UPON US!

כַּמָּה מַעֲלוֹת טוֹבוֹת לַמָּקוֹם עָלֵינוּ!

אִלּוּ הוֹצִיאָנוּ מִמִּצְרַיִם וְלֹא עָשָׂה בָּהֶם שְׁפָטִים, דַּיֵּנוּ.
אִלּוּ עָשָׂה בָּהֶם שְׁפָטִים, וְלֹא עָשָׂה בֵּאלֹהֵיהֶם, דַּיֵּנוּ.
אִלּוּ עָשָׂה בֵּאלֹהֵיהֶם, וְלֹא הָרַג אֶת בְּכוֹרֵיהֶם, דַּיֵּנוּ.
אִלּוּ הָרַג אֶת בְּכוֹרֵיהֶם וְלֹא נָתַן לָנוּ אֶת מָמוֹנָם, דַּיֵּנוּ.
אִלּוּ נָתַן לָנוּ אֶת מָמוֹנָם וְלֹא קָרַע לָנוּ אֶת הַיָּם, דַּיֵּנוּ.
אִלּוּ קָרַע לָנוּ אֶת הַיָּם וְלֹא הֶעֱבִירָנוּ בְתוֹכוֹ בֶּחָרָבָה, דַּיֵּנוּ.
אִלּוּ הֶעֱבִירָנוּ בְתוֹכוֹ בֶּחָרָבָה וְלֹא שִׁקַּע צָרֵינוּ בְּתוֹכוֹ, דַּיֵּנוּ.
אִלּוּ שִׁקַּע צָרֵינוּ בְּתוֹכוֹ וְלֹא סִפֵּק צָרְכֵּנוּ בַּמִּדְבָּר אַרְבָּעִים שָׁנָה, דַּיֵּנוּ.
אִלּוּ סִפֵּק צָרְכֵּנוּ בַּמִּדְבָּר אַרְבָּעִים שָׁנָה וְלֹא הֶאֱכִילָנוּ אֶת הַמָּן, דַּיֵּנוּ.
אִלּוּ הֶאֱכִילָנוּ אֶת הַמָּן וְלֹא נָתַן לָנוּ אֶת הַשַּׁבָּת, דַּיֵּנוּ.
אִלּוּ נָתַן לָנוּ אֶת הַשַּׁבָּת, וְלֹא קֵרְבָנוּ לִפְנֵי הַר סִינַי, דַּיֵּנוּ.
אִלּוּ קֵרְבָנוּ לִפְנֵי הַר סִינַי, וְלֹא נָתַן לָנוּ אֶת הַתּוֹרָה, דַּיֵּנוּ.
אִלּוּ נָתַן לָנוּ אֶת הַתּוֹרָה וְלֹא הִכְנִיסָנוּ לְאֶרֶץ יִשְׂרָאֵל, דַּיֵּנוּ.
אִלּוּ הִכְנִיסָנוּ לְאֶרֶץ יִשְׂרָאֵל וְלֹא בָנָה לָנוּ אֶת בֵּית הַבְּחִירָה, דַּיֵּנוּ.

If He had brought us out from Egypt, & had not carried out judgments against them Dayenu, it would have sufficed us! If He had carried out judgments against them & not against their idols Dayenu, it would have sufficed us! If He had destroyed their idols, & had not smitten their first-born Dayenu, it would have sufficed us! If He had smitten their first-born, & had not given us their wealth Dayenu, it would have sufficed us! If He had given us their wealth, & had not split the sea for us Dayenu, it would have sufficed us! If He had split the sea for us, & had not taken us through it on dry land Dayenu, it would have sufficed us! if He had taken us through the sea on dry land & had not drowned our oppressors in it Dayenu, it would have sufficed us! If He had drowned our oppressors in it, & had not supplied our needs in the desert for forty years Dayenu, it would have sufficed us! If He had supplied our needs in the desert for forty years, & had not fed us the manna Dayenu, it would have sufficed us! If He had fed us the manna, & had not given us the Shabbat Dayenu, it would have sufficed us! If He had given us the Shabbat, & had not brought us before Mount Sinai Dayenu, it would have sufficed us! If He had brought us before Mount Sinai, and had not given us the Torah Dayenu, it would have sufficed us! If He had brought us into the land of Israel, & had not built for us the chosen house it would have sufficed us!

How grateful are we to God for the great goodness that He bestowed upon us. **For God brought us out of Egypt,** and carried out judgments against them, and against their idols, and smote their first-born, and gave us their wealth, and split the sea for us, and took us through it on dry land, and drowned our oppressors in it, and supplied our needs in the desert for forty years, and fed us manna, and gave us the Shabbat, and brought us before Mount Sinai, and gave us the Torah, and brought us into the land of Israel and built for us the Temple to atone for all our sins.

Rabban Gamliel used to say: Whoever does not discuss the following three things on Passover has not fulfilled his duty, namely:

Passover (the Passover-sacrifice), Matzah (the unleavened bread) and Maror (the bitter herbs).

עַל אַחַת, כַּמָּה וְכַמָּה טוֹבָה כְּפוּלָה וּמְכֻפֶּלֶת לַמָּקוֹם עָלֵינוּ שֶׁהוֹצִיאָנוּ מִמִּצְרַיִם, וְעָשָׂה בָהֶם שְׁפָטִים, וְעָשָׂה בֵאלֹהֵיהֶם, וְהָרַג אֶת בְּכוֹרֵיהֶם, וְנָתַן לָנוּ אֶת מָמוֹנָם, וְקָרַע לָנוּ אֶת הַיָּם, וְהֶעֱבִירָנוּ בְּתוֹכוֹ בֶּחָרָבָה, וְשִׁקַּע צָרֵנוּ בְּתוֹכוֹ, וְסִפֵּק צָרְכֵּנוּ בַּמִּדְבָּר אַרְבָּעִים שָׁנָה, וְהֶאֱכִילָנוּ אֶת הַמָּן, וְנָתַן לָנוּ אֶת הַשַּׁבָּת, וְקֵרְבָנוּ לִפְנֵי הַר סִינַי, וְנָתַן לָנוּ אֶת הַתּוֹרָה, וְהִכְנִיסָנוּ לְאֶרֶץ יִשְׂרָאֵל, וּבָנָה לָנוּ אֶת בֵּית הַבְּחִירָה לְכַפֵּר עַל כָּל עֲוֹנוֹתֵינוּ.

"The Passover lamb

that our forefathers ate during the time of the Beit Hamikdash - for what reason did they eat it? Because the Omnipresent passed over our forefathers' houses in Egypt, you shall say,

"It is a Passover offering to the Lord, because He passed over the houses of the children of Israel in Egypt."

"When he struck the Egyptians with a plague and he saved our houses. And the people bowed & prostrated themselves."

פֶּסַח שֶׁהָיוּ אֲבוֹתֵינוּ אוֹכְלִים בִּזְמַן שֶׁבֵּית הַמִּקְדָּשׁ הָיָה קַיָּם, עַל שׁוּם מָה?

עַל שׁוּם שֶׁפָּסַח הַקָּדוֹשׁ בָּרוּךְ הוּא עַל בָּתֵּי אֲבוֹתֵינוּ בְּמִצְרַיִם , שֶׁנֶּאֱמַר: וַאֲמַרְתֶּם זֶבַח פֶּסַח הוּא לַיי, אֲשֶׁר פָּסַח עַל בָּתֵּי בְנֵי יִשְׂרָאֵל בְּמִצְרַיִם , בְּנָגְפּוֹ אֶת מִצְרַיִם , וְאֶת בָּתֵּינוּ הִצִּיל וַיִּקֹּד הָעָם וַיִּשְׁתַּחווּ.

"Why do we eat Matza?

Because the dough of our forefathers did not have time to become leavened before the King of Kings, the Holy One, blessed be He, revealed Himself to them and redeemed them. Thus it is said: "They baked Matzah cakes from the dough that they had brought out of Egypt, because it was not leavened; for they had been driven out of Egypt and could not delay, and they had also not prepared any other provisions."

point to the matza

point to the maror

"Why do we eat Maror?

Because the Egyptians embittered our forefathers lives in egypts. They made their lives bitter with hard service, with mortar and with bricks, and with all manner of service in the field; all their service which they made them serve with rigor."

Ut enim ad minim veniam

Duis aute irure dolor in reprehenderit in voluptate velit esse cillum dolore eu fugiat nulla pariatur.

מַצָּה זוֹ שֶׁאָנוּ אוֹכְלִים, עַל שׁוּם מָה?

עַל שׁוּם שֶׁלֹּא הִסְפִּיק בְּצֵקָם שֶׁל אֲבוֹתֵינוּ לְהַחֲמִיץ עַד שֶׁנִּגְלָה עֲלֵיהֶם מֶלֶךְ מַלְכֵי הַמְּלָכִים, הַקָּדוֹשׁ בָּרוּךְ הוּא, וּגְאָלָם, שֶׁנֶּאֱמַר: וַיֹּאפוּ אֶת הַבָּצֵק אֲשֶׁר הוֹצִיאוּ מִמִּצְרַיִם עֻגֹת מַצּוֹת, כִּי לֹא חָמֵץ, כִּי גֹרְשׁוּ מִמִּצְרַיִם וְלֹא יָכְלוּ לְהִתְמַהְמֵהַּ, וְגַם צֵדָה לֹא עָשׂוּ לָהֶם.

מַרְאֶה אֶת הַמַּצּוֹת

מָרוֹר זֶה שֶׁאָנוּ אוֹכְלִים, עַל שׁוּם מָה?

עַל שׁוּם שֶׁמֵּרְרוּ הַמִּצְרִים אֶת חַיֵּי אֲבוֹתֵינוּ בְּמִצְרַיִם , שֶׁנֶּאֱמַר: וַיְמָרְרוּ אֶת חַיֵּיהֶם בַּעֲבֹדָה קָשָׁה, בְּחֹמֶר וּבִלְבֵנִים וּבְכָל עֲבֹדָה בַּשָּׂדֶה אֶת כָּל עֲבֹדָתָם אֲשֶׁר עָבְדוּ בָהֶם בְּפָרֶךְ.

מַרְאֶה אֶת הַמָּרוֹר

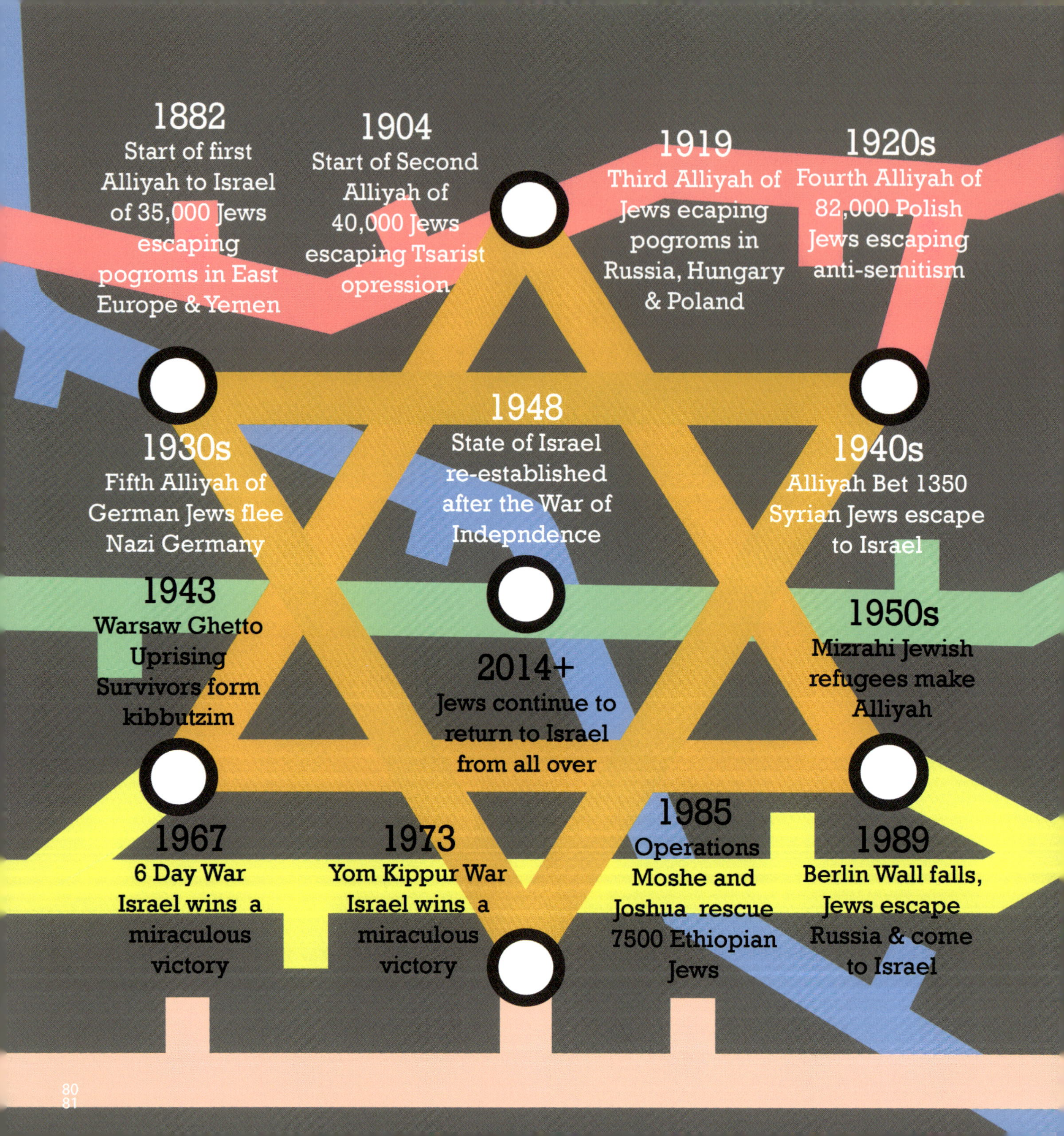

1882
Start of first Alliyah to Israel of 35,000 Jews escaping pogroms in East Europe & Yemen

1904
Start of Second Alliyah of 40,000 Jews escaping Tsarist opression

1919
Third Alliyah of Jews ecaping pogroms in Russia, Hungary & Poland

1920s
Fourth Alliyah of 82,000 Polish Jews escaping anti-semitism

1948
State of Israel re-established after the War of Indepndence

1930s
Fifth Alliyah of German Jews flee Nazi Germany

1940s
Alliyah Bet 1350 Syrian Jews escape to Israel

1943
Warsaw Ghetto Uprising Survivors form kibbutzim

2014+
Jews continue to return to Israel from all over

1950s
Mizrahi Jewish refugees make Alliyah

1967
6 Day War Israel wins a miraculous victory

1973
Yom Kippur War Israel wins a miraculous victory

1985
Operations Moshe and Joshua rescue 7500 Ethiopian Jews

1989
Berlin Wall falls, Jews escape Russia & come to Israel

In every generation a person should regard himself as if he came out of Egypt. As it is Said, "You shall tell your child on that day, it is because of this that the Lord did for me when I left Egypt." The Holy One, Blessed is He, redeemed not only our forefathers from Egypt, but He redeemed also us with them, as it is said: "It was us that He brought out from there, so that He might bring us to the land that He swore to our forefathers." *Raise the cup of wine (until Halleluyah) and say: Thus it is our duty to thank, to laud, to praise, to glorify, to exalt, to adore, to bless, to elevate & to honor the Holy One who did all these miracles for our forefathers and for us.

בְּכָל דּוֹר וָדוֹר חַיָּב אָדָם לִרְאוֹת אֶת עַצְמוֹ כְּאִלּוּ הוּא יָצָא מִמִּצְרָיִם שֶׁנֶּאֱמַר: וְהִגַּדְתָּ לְבִנְךָ בַּיּוֹם הַהוּא לֵאמֹר, בַּעֲבוּר זֶה עָשָׂה יי לִי בְּצֵאתִי מִמִּצְרָיִם. לֹא אֶת אֲבוֹתֵינוּ בִּלְבָד גָּאַל הַקָּדוֹשׁ בָּרוּךְ הוּא, אֶלָּא אַף אוֹתָנוּ גָּאַל עִמָּהֶם, שֶׁנֶּאֱמַר: וְאוֹתָנוּ הוֹצִיא מִשָּׁם, לְמַעַן הָבִיא אֹתָנוּ, לָתֶת לָנוּ אֶת הָאָרֶץ אֲשֶׁר נִשְׁבַּע לַאֲבֹתֵנוּ. (מַגְבִּיהִים אֶת הַכּוֹס עַד הַלְלוּיָהּ.) לְפִיכָךְ אֲנַחְנוּ חַיָּבִים לְהוֹדוֹת, לְהַלֵּל, לְשַׁבֵּחַ, לְפָאֵר, לְרוֹמֵם, לְהַדֵּר, לְבָרֵךְ, לְעַלֵּה וּלְקַלֵּס לְמִי שֶׁעָשָׂה לַאֲבוֹתֵינוּ וְלָנוּ אֶת כָּל הַנִּסִּים הָאֵלֶּה.

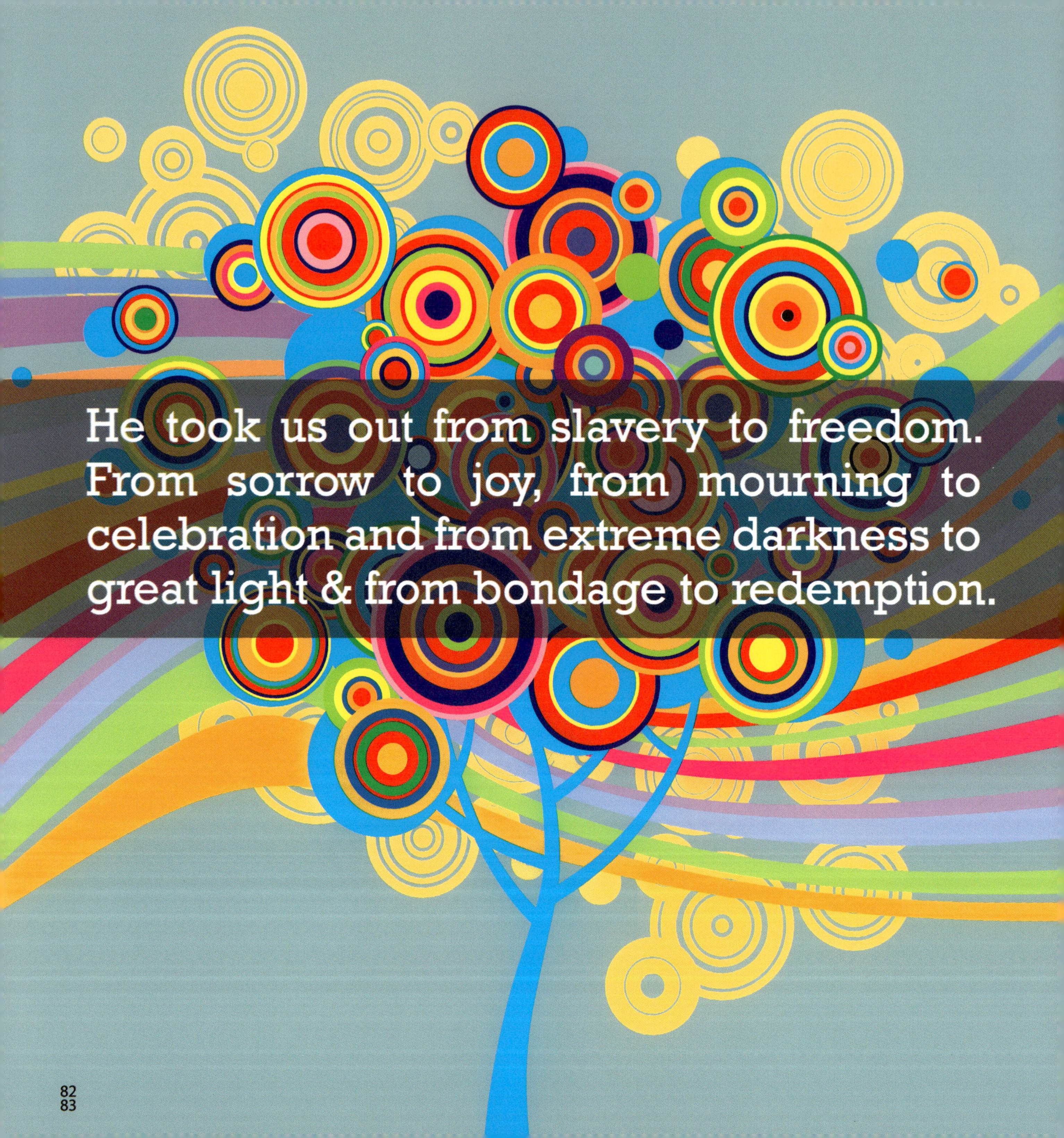

He took us out from slavery to freedom. From sorrow to joy, from mourning to celebration and from extreme darkness to great light & from bondage to redemption.

הוֹצִיאָנוּ מֵעַבְדוּת לְחֵרוּת מִיָּגוֹן לְשִׂמְחָה מֵאֵבֶל
לְיוֹם טוֹב, וּמֵאֲפֵלָה לְאוֹר גָּדוֹל וּמִשִּׁעְבּוּד
לִגְאֻלָּה. וְנֹאמַר לְפָנָיו שִׁירָה חֲדָשָׁה הַלְלוּיָהּ.

Let us therefore say Halleluyah, praise God!

Halleluyah - Praise God! Offer praise, you servants of the Lord; praise the Name of the Lord. May the Lord's Name be blessed from now and to all eternity.

From the rising of the sun to its setting, the Lord's Name is praised. The Lord is high above all nations, His glory is over the heavens. Who is like the Lord, our God, who dwells on high yet looks down upon heaven and earth! He raises the poor from the dust, He lifts the needy from the ash-heap, to seat them with nobles, with the nobles of His people. He makes the barren woman dwell in her house as a joyful mother of children. Halleluyah - praise God!

הַלְלוּיָהּ הַלְלוּ עַבְדֵי יְיָ!

הַלְלוּ אֶת שֵׁם יְיָ. יְהִי שֵׁם יְיָ מְבֹרָךְ מֵעַתָּה וְעַד עוֹלָם:

מִמִּזְרַח שֶׁמֶשׁ עַד מְבוֹאוֹ מְהֻלָּל שֵׁם יְיָ. רָם עַל כָּל גּוֹיִם יְיָ, עַל הַשָּׁמַיִם כְּבוֹדוֹ. מִי כַּייָ אֱלֹהֵינוּ הַמַּגְבִּיהִי לָשָׁבֶת, הַמַּשְׁפִּילִי לִרְאוֹת בַּשָּׁמַיִם וּבָאָרֶץ? מְקִימִי מֵעָפָר דָּל, מֵאַשְׁפֹּת יָרִים אֶבְיוֹן, לְהוֹשִׁיבִי עִם נְדִיבִים, עִם נְדִיבֵי עַמּוֹ. מוֹשִׁיבִי עֲקֶרֶת הַבַּיִת, אֵם הַבָּנִים שְׂמֵחָה. הַלְלוּיָהּ.

"When Israel went out of Egypt, the House of Jacob from a people of a foreign language, Judah became His holy one, Israel His dominion. The sea saw and fled, the Jordan turned backward,

The mountains skipped like rams the hills like young sheep. What is with you, O sea, that you flee, Jordan, that you turn backward?

Mountains, why do you skip like rams; hills, like a pool of water, the flint-stone into a spring of water.

בְּצֵאת יִשְׂרָאֵל מִמִּצְרַיִם , בֵּית יַעֲקֹב מֵעַם לֹעֵז, הָיְתָה יְהוּדָה לְקָדְשׁוֹ, יִשְׂרָאֵל מַמְשְׁלוֹתָיו. הַיָּם רָאָה וַיָּנֹס, הַיַּרְדֵּן יִסֹּב לְאָחוֹר. הֶהָרִים רָקְדוּ כְאֵילִים, גְּבָעוֹת - כִּבְנֵי צֹאן.

מַה לְּךָ הַיָּם כִּי תָנוּס, הַיַּרְדֵּן תִּסֹּב לְאָחוֹר?

הֶהָרִים - תִּרְקְדוּ כְאֵילִים, גְּבָעוֹת - כִּבְנֵי צֹאן. מִלִּפְנֵי אָדוֹן חוּלִי אָרֶץ, מִלִּפְנֵי אֱלוֹהַ יַעֲקֹב. הַהֹפְכִי הַצּוּר אֲגַם מָיִם, חַלָּמִישׁ - לְמַעְיְנוֹ מָיִם.

"What is with

you, O Sea
that you flee?"

Raise the glass of wine and say:

"Blessed are you, Eternal our God, King of the Universe, who redeemed us and redeemed our forefathers from Egypt, and enabled us to reach this night to eat matzah and maror.

So too, Hashem our God and The God of our forefathers, enable us to reach other holidays and festivals in peace."

"With happiness in the rebuilding of Your [holy] city Jerusalem and with rejoicing in Your service".

"Then we shall partake in the Passover offerings and of the sacrifices that will be offered on Your altar for acceptance."

מַגְבִּיהִים אֶת הַכּוֹס עַד גָּאַל יִשְׂרָאֵל.

בָּרוּךְ אתה יי אֱלֹהֵינוּ מֶלֶךְ הָעוֹלָם,

אֲשֶׁר גְּאָלָנוּ וְגָאַל אֶת אֲבוֹתֵינוּ מִמִּצְרַיִם , וְהִגִּיעָנוּ לַלַּיְלָה הַזֶּה לֶאֱכָל בּוֹ מַצָּה וּמָרוֹר. כֵּן יי אֱלֹהֵינוּ וֵאלֹהֵי אֲבוֹתֵינוּ יַגִּיעֵנוּ לְמוֹעֲדִים וְלִרְגָלִים אֲחֵרִים הַבָּאִים לִקְרָאתֵנוּ לְשָׁלוֹם

שְׂמֵחִים בְּבִנְיַן עִירֶךָ וְשָׂשִׂים בַּעֲבוֹדָתֶךָ.

וְנֹאכַל שָׁם מִן הַזְּבָחִים וּמִן הַפְּסָחִים אֲשֶׁר יַגִּיעַ דָּמָם עַל קִיר מִזְבַּחֲךָ לְרָצוֹן.

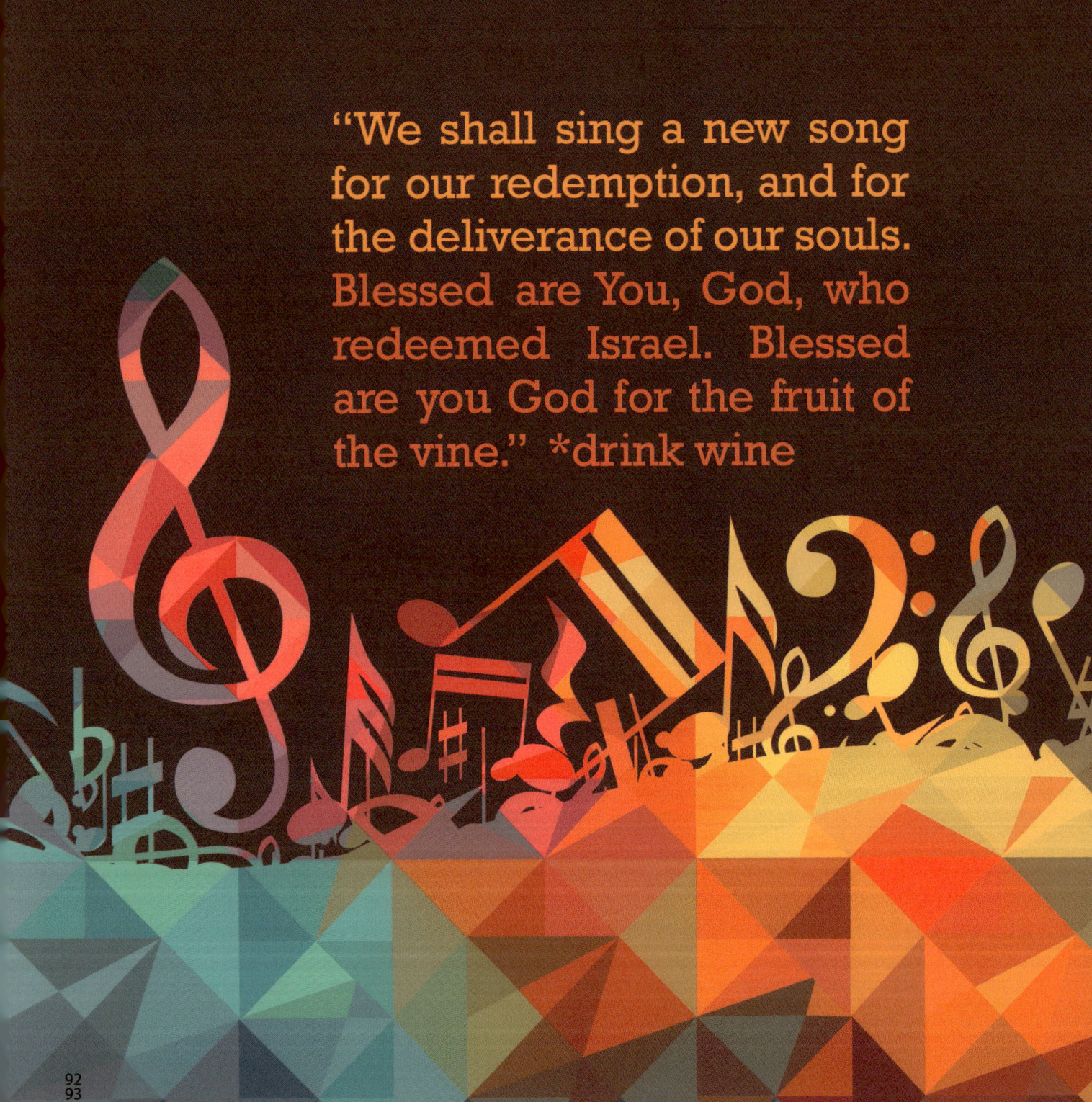

"We shall sing a new song for our redemption, and for the deliverance of our souls. Blessed are You, God, who redeemed Israel. Blessed are you God for the fruit of the vine." *drink wine

וְנוֹדֶה לְךָ שִׁיר חָדָשׁ עַל גְּאֻלָּתֵנוּ וְעַל פְּדוּת נַפְשֵׁנוּ.
בָּרוּךְ אַתָּה יי גָּאַל יִשְׂרָאֵל. בָּרוּךְ אַתָּה יי אֱלֹהֵינוּ מֶלֶךְ
הָעוֹלָם בּוֹרֵא פְּרִי הַגָּפֶן. *תִּשְׁתֶּה אֶת כּוֹס הַיַּיִן.

Ratzah - Matzah & Maror

Wash the hands

Blessed are You, Lord, our God, King of the Universe, who has sanctified us with His commandments and commanded us concerning the washing of the hands.

Now break the matza & eat the 2 pieces together

Blessed are You, Hashem our God, King of the Universe, who brings forth bread from the earth.

Combine maror & matza & eat in a sandwhich

Blessed are You, Hashem our God, King of the Universe, who sanctifies us with his commandments and commanded us concerning the eating of Matza.

Blessed are You, Lord, our God, King of the Universe, who has sanctified us with His commandments and commanded us about the eating of Maror.

Combine matza, chazeret & charosset & eat.

Thus did Hillel do at the time of the Bet HaMikdash: He would combine Passover lamb, Matzah and Maror and eat them together, as it said: "They shall eat it with Matzah and bitter herbs."

רַחַץ, מַצָּה וְמָרוֹר

בָּרוּךְ אַתָּה יי אֱלֹהֵינוּ מֶלֶךְ הָעוֹלָם, אֲשֶׁר קִדְּשָׁנוּ בְּמִצְוֹתָיו וְצִוָּנוּ עַל נְטִילַת יָדַיִם.

בָּרוּךְ אַתָּה יי אֱלֹהֵינוּ מֶלֶךְ הָעוֹלָם הַמּוֹצִיא לֶחֶם מִן הָאָרֶץ.

בָּרוּךְ אַתָּה יי אֱלֹהֵינוּ מֶלֶךְ הָעוֹלָם, אֲשֶׁר קִדְּשָׁנוּ בְּמִצְוֹתָיו וְצִוָּנוּ עַל אֲכִילַת מַצָּה.

בָּרוּךְ אַתָּה יי אֱלֹהֵינוּ מֶלֶךְ הָעוֹלָם, אֲשֶׁר קִדְּשָׁנוּ בְּמִצְוֹתָיו וְצִוָּנוּ עַל אֲכִילַת מָרוֹר.

זֵכֶר לְמִקְדָּשׁ כְּהִלֵּל. כֵּן עָשָׂה הִלֵּל בִּזְמַן שֶׁבֵּית הַמִּקְדָּשׁ הָיָה קַיָּם: הָיָה כּוֹרֵךְ מַצָּה וּמָרוֹר וְאוֹכֵל בְּיַחַד, לְקַיֵּם מַה שֶּׁנֶּאֱמַר: עַל מַצּוֹת וּמְרֹרִים יֹאכְלֻהוּ.

נוֹטְלִים אֶת הַיָּדַיִם

לִשְׁבּוֹר אֶת הַמַּצָּה וְלֶאֱכוֹל אֶת שְׁתֵּי הַחֲתִיכוֹת בְּיַחַד

לִכְרוֹךְ מָרוֹר וּמַצָּה בְּיַחַד לִכְרוֹךְ וְאוֹכְלִים

לִכְרוֹךְ עִם הַמַּצָּה חֲזֶרֶת וַחֲרֹסֶת בְּיַחַד לְסֶנְדְּוִיץ' וְאוֹכְלִים

The Meal

Dessert

WANTED

AFICOMAN

LAST SEEN AT TABLE
WHEREABOUTS UNKNOWN
MAY BE IN BIBLICAL ISRAEL

PRESENT
DAY
ISRAEL

BIBLICAL
ISRAEL

REWARD: TBD

POUR THE 3RD GLASS OF WINE

A Song of Ascents

When the Eternal brought the exiles back to Zion, we were like **dreamers.** Then our mouthes were filled with laughter, and our tongues with joyous song. Then the nations said, "The Lord has done great things for them." The Lord has done great things for us and we were joyful. Oh Lord, restore our good fortune, restore our exiles as streams in the Negev. Those who sow in tears will reap with joyous song. He goes along weeping, carrying the bag of seed; he will surely come back with joyous song, carrying his sheaves.

שִׁיר הַמַּעֲלוֹת

שִׁיר הַמַּעֲלוֹת: בְּשׁוּב יי אֶת שִׁיבַת צִיּוֹן הָיִינוּ **כְּחֹלְמִים** אָז יִמָּלֵא שְׂחוֹק פִּינוּ וּלְשׁוֹנֵנוּ רִנָּה. אָז יֹאמְרוּ בַגּוֹיִם:

הִגְדִּיל יי לַעֲשׂוֹת עִם אֵלֶּה. הִגְדִּיל יי לַעֲשׂוֹת עִמָּנוּ, הָיִינוּ שְׂמֵחִים.

שׁוּבָה יי אֶת שְׁבִיתֵנוּ כַּאֲפִיקִים בַּנֶּגֶב. הַזֹּרְעִים בְּדִמְעָה, בְּרִנָּה יִקְצֹרוּ. הָלוֹךְ יֵלֵךְ וּבָכֹה נֹשֵׂא מֶשֶׁךְ הַזָּרַע, בֹּא יָבֹא בְרִנָּה נֹשֵׂא אֲלֻמֹּתָיו.

Atleast 3 males? Begin here.
(if not, start from opposite page)

"Gentleman, let us say grace"

"May the name of the Lord be blessed for ever and ever."

"May the name of the Lord be blessed for ever and ever. With the permissions of the masters, teachers and gentlemen, let us bless He who's bounty we have eaten."

Blessed is the Lord of whose bounty we have eaten.

"Bless our God and praise his name always and forever."

שְׁלֹשָׁה שֶׁאָכְלוּ כְּאֶחָד חַיָּבִין לְזַמֵּן וְהַמְזַמֵּן פּוֹתֵחַ:

רַבּוֹתַי, נְבָרֵךְ.

הַמְסֻבִּים עוֹנִים:
יְהִי שֵׁם יי מְבֹרָךְ מֵעַתָּה וְעַד עוֹלָם.

הַמְזַמֵּן אוֹמֵר:
בִּרְשׁוּת מָרָנָן וְרַבָּנָן וְרַבּוֹתַי, נְבָרֵךְ [אֱלֹהֵינוּ] שֶׁאָכַלְנוּ מִשֶּׁלּוֹ.

הַמְסֻבִּים עוֹנִים:
בָּרוּךְ [אֱלֹהֵינוּ] שֶׁאָכַלְנוּ מִשֶּׁלּוֹ וּבְטוּבוֹ חָיִינוּ.

הַמְזַמֵּן חוֹזֵר וְאוֹמֵר:
בָּרוּךְ [אֱלֹהֵינוּ] שֶׁאָכַלְנוּ מִשֶּׁלּוֹ וּבְטוּבוֹ חָיִינוּ.

Blessed are You Lord our God, King of the Universe, who in his goodness, feeds the whole world with grace, with kindness and with mercy. He gives food to the whole world for his kindness is everlasting. Through his great goodness to us continuously we do not lack food, and may we never lack food for the sake of his great Name. For he feeds and sustains all, does good to all, and prepares food for all his creatures whom he has created, as it is said: "You open Your hand & satisfy the desire of every living thing." Blessed are You Lord, who provides food for all beings.

בָּרוּךְ אַתָּה יי אֱלֹהֵינוּ מֶלֶךְ הָעוֹלָם הַזָּן אֶת הָעוֹלָם כֻּלּוֹ בְּטוּבוֹ בְּחֵן בְּחֶסֶד וּבְרַחֲמִים הוּא נוֹתֵן לֶחֶם לְכָל בָּשָׂר כִּי לְעוֹלָם חַסְדּוֹ. וּבְטוּבוֹ הַגָּדוֹל תָּמִיד לֹא חָסַר לָנוּ, וְאַל יֶחְסַר לָנוּ מָזוֹן לְעוֹלָם וָעֶד. בַּעֲבוּר שְׁמוֹ הַגָּדוֹל, כִּי הוּא אֵל זָן וּמְפַרְנֵס לַכֹּל וּמֵטִיב לַכֹּל, וּמֵכִין מָזוֹן לְכָל בְּרִיּוֹתָיו אֲשֶׁר בָּרָא. בָּרוּךְ אַתָּה יי הַזָּן אֶת הַכֹּל.

We thank you, Lord our God, for giving to our forefathers a precious, good & spacious land.

GOLAN

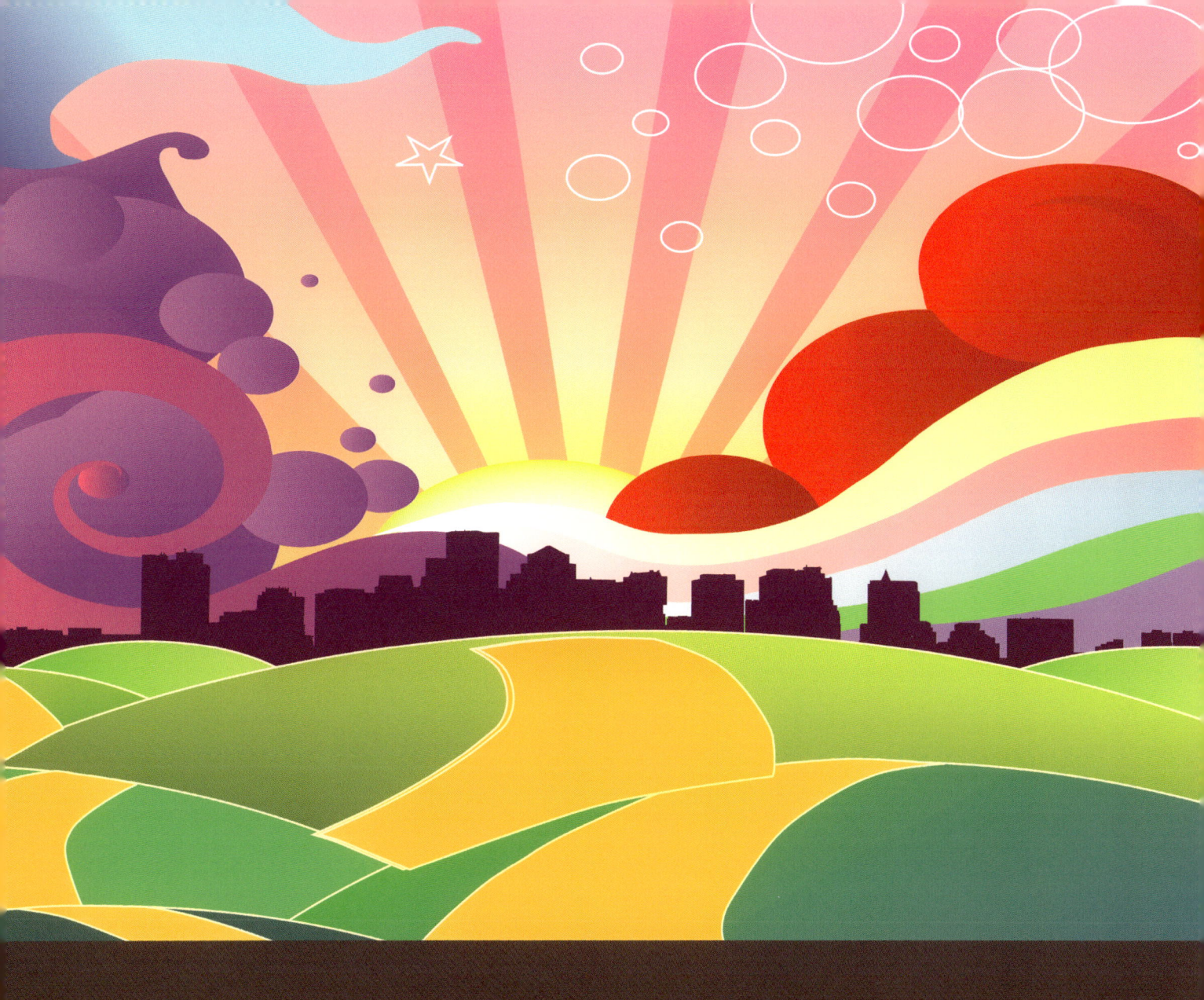

נוֹדֶה לְךָ יי אֱלֹהֵינוּ עַל שֶׁהִנְחַלְתָּ
לַאֲבוֹתֵינוּ אֶרֶץ חֶמְדָה טוֹבָה וּרְחָבָה.

CON
SUM
ER
ISM
ESCAPE SLAVERY

For having brought us out Lord our God, from Egypt and redeeming us from slavery; for Your covenant which You have sealed in our flesh; for Your Torah which You have taught us; for Your statutes which You have made known to us; for life, favor and kindness which You have graciously bestowed upon us; and for the food we eat with which You constantly feed and sustain us every day, at all times, & at every hour. For all this, Lord our God, we thank You and bless You. May Your Name be blessed by every living being, constantly & forever. As it is written: When you have eaten and are satiated, you shall bless the Lord your God, for the good land he gave you. Blessed are You, God, for the land & for the food.

וְעַל שֶׁהוֹצֵאתָנוּ יי אֱלֹהֵינוּ מֵאֶרֶץ מִצְרַיִם וּפְדִיתָנוּ מִבֵּית עֲבָדִים, וְעַל בְּרִיתְךָ שֶׁחָתַמְתָּ בִּבְשָׂרֵנוּ, וְעַל תּוֹרָתְךָ שֶׁלִּמַּדְתָּנוּ, וְעַל חֻקֶּיךָ שֶׁהוֹדַעְתָּנוּ, וְעַל חַיִּים חֵן וָחֶסֶד שֶׁחוֹנַנְתָּנוּ, וְעַל אֲכִילַת מָזוֹן שָׁאַתָּה זָן וּמְפַרְנֵס אוֹתָנוּ תָּמִיד, בְּכָל יוֹם וּבְכָל עֵת וּבְכָל שָׁעָה: וְעַל הַכֹּל יי אֱלֹהֵינוּ אֲנַחְנוּ מוֹדִים לָךְ וּמְבָרְכִים אוֹתָךְ, יִתְבָּרַךְ שִׁמְךָ בְּפִי כָּל חַי תָּמִיד לְעוֹלָם וָעֶד: כַּכָּתוּב, וְאָכַלְתָּ וְשָׂבָעְתָּ וּבֵרַכְתָּ אֶת יי אֱלֹהֶיךָ עַל הָאָרֶץ הַטּוֹבָה אֲשֶׁר נָתַן לָךְ. בָּרוּךְ אַתָּה יי עַל הָאָרֶץ וְעַל הַמָּזוֹן.

Have Mercy Lord our God,

on your people Israel & Upon Jerusalem you city, upon Zion the abode of Your glory, upon the kingship of the house of David Your anointed, & upon the great & holy House which is called by Your Name. Our God, our Father, Our Shepherd, feed us, sustain us, nourish us & give us comfort; & speedily, Lord our God, grant us relief from all our afflictions. Lord, our God, please do not make us dependent upon the gifts of mortal men nor upon their loans, but only upon Your full, open, holy & generous hand, that we may not be shamed or disgraced forever & ever.

רַחֵם-נָא יי אֱלֹהֵינוּ

עַל יִשְׂרָאֵל עַמֶּךָ וְעַל יְרוּשָׁלַיִם עִירֶךָ וְעַל צִיּוֹן מִשְׁכַּן כְּבוֹדֶךָ וְעַל מַלְכוּת בֵּית דָּוִד מְשִׁיחֶךָ וְעַל הַבַּיִת הַגָּדוֹל וְהַקָּדוֹשׁ שֶׁנִּקְרָא שִׁמְךָ עָלָיו: אֱלֹהֵינוּ אָבִינוּ רְעֵנוּ זוּנֵנוּ פַּרְנְסֵנוּ וְכַלְכְּלֵנוּ וְהַרְוִיחֵנוּ, וְהַרְוַח לָנוּ יי אֱלֹהֵינוּ מְהֵרָה מִכָּל צָרוֹתֵינוּ. וְנָא אַל תַּצְרִיכֵנוּ יי אֱלֹהֵינוּ, לֹא לִידֵי מַתְּנַת בָּשָׂר וָדָם וְלֹא לִידֵי הַלְוָאָתָם כִּי אִם לְיָדְךָ הַמְּלֵאָה הַפְּתוּחָה הַקְּדוֹשָׁה וְהָרְחָבָה שֶׁלֹּא נֵבוֹשׁ וְלֹא נִכָּלֵם לְעוֹלָם וָעֶד.

(on Shabbat) May it please You, Lord our God, to **strengthen us** through your commandments & through the precept of the Seventh Day, this great & holy Shabbat. For this day is great & holy before You to refrain from work & to rest thereon with love in accordance with the commandment of Your will. May it be your will, Hashem our God, to bestow upon us tranquility, that there shall be no trouble, sadness or grief on the day of our rest. Please let us see the consolation of Zion, Your city & the rebuilding of Jerusalem Your holy city, for You are the Master of salvations & of all consolations.

Our God and God of our forefathers, may there ascend, come and reach, be seen & accepted, heard, recalled & remembered before You, the remembrance of us, the remembrance of our forefathers, the remembrance of Mashiach the son of David your servant, the remembrance of Jerusalem Your holy city and the remembrance of all Your people in the House of Israel, for deliverance, well being, grace, kindness, mercy, good life and peace, on this day of the Festival of Matzot, on this Festival of holy convocation. Remember us on this day, Lord, for good; remember us for blessing & for a good life. With the promise of deliverance & compassion, spare us & be gracious to us; have mercy upon us & deliver us.

בְּשַׁבָּת מוֹסִיפִין: רְצֵה וְהַחֲלִיצֵנוּ יי אֱלֹהֵינוּ בְּמִצְוֹתֶיךָ וּבְמִצְוַת יוֹם הַשְּׁבִיעִי הַשַּׁבָּת הַגָּדוֹל וְהַקָּדוֹשׁ הַזֶּה. כִּי יוֹם זֶה גָּדוֹל וְקָדוֹשׁ הוּא לְפָנֶיךָ לִשְׁבָּת בּוֹ וְלָנוּחַ בּוֹ בְּאַהֲבָה כְּמִצְוַת רְצוֹנֶךָ. וּבִרְצוֹנְךָ הָנִיחַ לָנוּ יי אֱלֹהֵינוּ שֶׁלֹּא תְהֵא צָרָה וְיָגוֹן וַאֲנָחָה בְּיוֹם מְנוּחָתֵנוּ. וְהַרְאֵנוּ יי אֱלֹהֵינוּ בְּנֶחָמַת צִיּוֹן עִירֶךָ וּבְבִנְיַן יְרוּשָׁלַיִם עִיר קָדְשֶׁךָ כִּי אַתָּה הוּא בַּעַל הַיְשׁוּעוֹת וּבַעַל הַנֶּחָמוֹת.

אֱלֹהֵינוּ וֵאלֹהֵי אֲבוֹתֵינוּ, יַעֲלֶה וְיָבֹא וְיַגִּיעַ וְיֵרָאֶה וְיֵרָצֶה וְיִשָּׁמַע וְיִפָּקֵד וְיִזָּכֵר זִכְרוֹנֵנוּ וּפִקְדוֹנֵנוּ, וְזִכְרוֹן אֲבוֹתֵינוּ, וְזִכְרוֹן מָשִׁיחַ בֶּן דָּוִד עַבְדֶּךָ, וְזִכְרוֹן יְרוּשָׁלַיִם עִיר קָדְשֶׁךָ, וְזִכְרוֹן כָּל עַמְּךָ בֵּית יִשְׂרָאֵל לְפָנֶיךָ, לִפְלֵיטָה לְטוֹבָה לְחֵן וּלְחֶסֶד וּלְרַחֲמִים, לְחַיִּים וּלְשָׁלוֹם בְּיוֹם חַג הַמַּצּוֹת הַזֶּה זָכְרֵנוּ יי אֱלֹהֵינוּ בּוֹ לְטוֹבָה וּפָקְדֵנוּ בוֹ לִבְרָכָה וְהוֹשִׁיעֵנוּ בוֹ לְחַיִּים. וּבִדְבַר יְשׁוּעָה וְרַחֲמִים חוּס וְחָנֵּנוּ וְרַחֵם עָלֵינוּ וְהוֹשִׁיעֵנוּ.

For our eyes are directed to You, for You, God, are a gracious and merciful King.

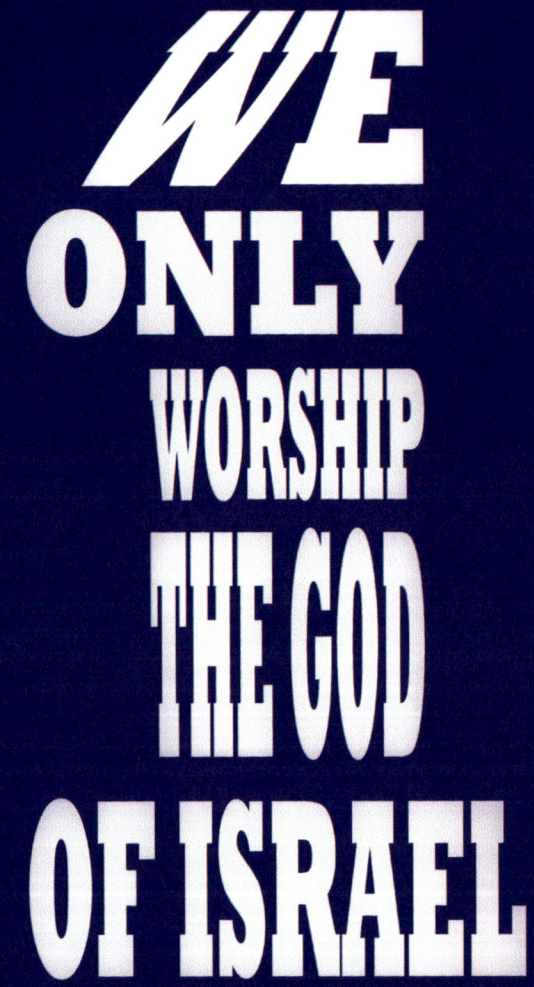

WE ONLY WORSHIP THE GOD OF ISRAEL

Who Rebuilds Jerusalem The Holy City, speedily in our days. Blessed are You Lord who rebuilds Jerusalem. Amen.

Blessed are You, Lord, our God, King of the Universe, benevolent God, our Father, our King, our Mighty One, our Creator, our Redeemer, our Maker, our Holy One, the Holy One of Yacov our Shepherd, the Shepherd of Israel, the King who is good & does good to all, each & every day. He has done good for us, He does good for us, & He will do good for us; He has bestowed, He bestows, and He will forever bestow upon us grace, kindness & mercy, relief, salvation and success, blessing and help, consolation, sustenance & nourishment, compassion, life, peace & all that is good and may He never cause us to lack any good.

וּבְנֵה יְרוּשָׁלַיִם עִיר הַקֹּדֶשׁ בִּמְהֵרָה בְיָמֵינוּ. בָּרוּךְ אַתָּה יי בּוֹנֵה בְרַחֲמָיו יְרוּשָׁלָיִם. אָמֵן.

בָּרוּךְ אַתָּה יי אֱלֹהֵינוּ מֶלֶךְ הָעוֹלָם, הָאֵל אָבִינוּ מַלְכֵּנוּ אַדִּירֵנוּ בּוֹרְאֵנוּ גֹּאֲלֵנוּ יוֹצְרֵנוּ קְדוֹשֵׁנוּ קְדוֹשׁ יַעֲקֹב רוֹעֵנוּ רוֹעֵה יִשְׂרָאֵל הַמֶּלֶךְ הַטּוֹב וְהַמֵּטִיב לַכֹּל שֶׁבְּכָל יוֹם וָיוֹם הוּא הֵטִיב, הוּא מֵטִיב, הוּא יֵיטִיב לָנוּ. הוּא גְמָלָנוּ הוּא גוֹמְלֵנוּ הוּא יִגְמְלֵנוּ לָעַד, לְחֵן וּלְחֶסֶד וּלְרַחֲמִים וּלְרֶוַח הַצָּלָה וְהַצְלָחָה, בְּרָכָה וִישׁוּעָה נֶחָמָה פַּרְנָסָה וְכַלְכָּלָה וְרַחֲמִים וְחַיִּים וְשָׁלוֹם וְכָל טוֹב, וּמִכָּל טוּב לְעוֹלָם עַל יְחַסְּרֵנוּ.

May the Merciful one reign over us forever. and for all eternity May the Merciful one be blessed on heaven and on Earth. May the Merciful One be praised for all generations, & be glorified & honored among us forever & all eternity. May the Merciful One sustain us in honor. **May the Merciful One break the yoke of exile from our neck and may He lead us upright to our land.** May the Merciful One send abundant blessing into this house and upon this table at which we have eaten. May the Merciful One send us Eliyahu, the Prophet, may he be remembered for good and may he bring us good tidings, salvation and consolation.

הָרַחֲמָן הוּא יִמְלוֹךְ עָלֵינוּ לְעוֹלָם וָעֶד. הָרַחֲמָן הוּא יִתְבָּרַךְ בַּשָּׁמַיִם וּבָאָרֶץ. הָרַחֲמָן הוּא יִשְׁתַּבַּח לְדוֹר דּוֹרִים, וְיִתְפָּאַר בָּנוּ לָעַד וּלְנֵצַח נְצָחִים, וְיִתְהַדַּר בָּנוּ לָעַד וּלְעוֹלְמֵי עוֹלָמִים. הָרַחֲמָן הוּא יְפַרְנְסֵנוּ בְּכָבוֹד. **הָרַחֲמָן הוּא יִשְׁבּוֹר עֻלֵּנוּ מֵעַל צַוָּארֵנוּ, וְהוּא יוֹלִיכֵנוּ קוֹמְמִיּוּת לְאַרְצֵנוּ.** הָרַחֲמָן הוּא יִשְׁלַח לָנוּ בְּרָכָה מְרֻבָּה בַּבַּיִת הַזֶּה, וְעַל שֻׁלְחָן זֶה שֶׁאָכַלְנוּ עָלָיו. הָרַחֲמָן הוּא יִשְׁלַח לָנוּ אֶת אֵלִיָּהוּ הַנָּבִיא זָכוּר לַטּוֹב, וִיבַשֶּׂר לָנוּ בְּשׂוֹרוֹת טוֹבוֹת יְשׁוּעוֹת וְנֶחָמוֹת.

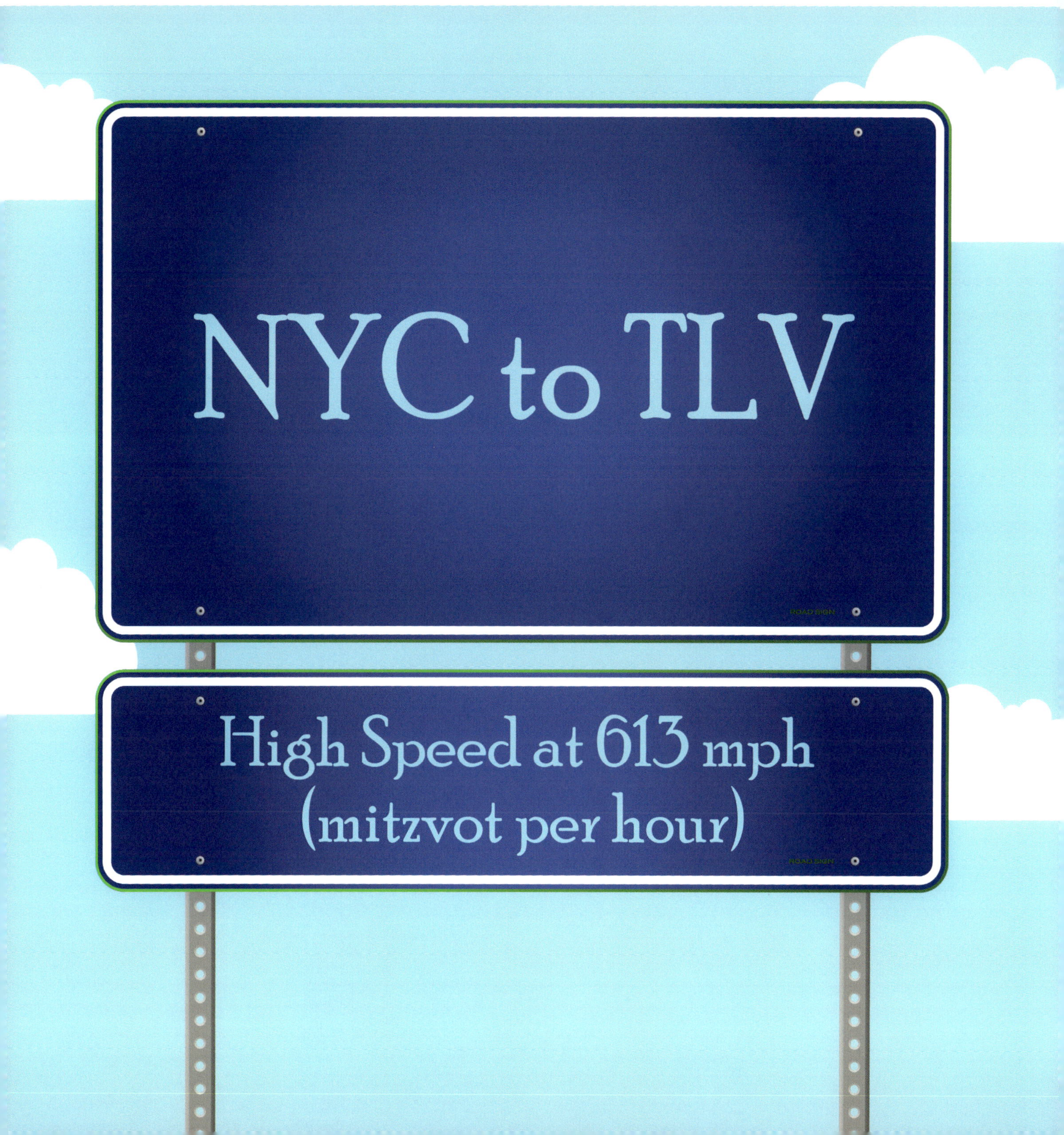
NYC to TLV
High Speed at 613 mph
(mitzvot per hour)

May The Merciful One bless, my father and my mother; them, their household, their children, and all that is theirs and us, & all that is ours. Just as He blessed our forefathers, Avraham, Yitzhak and Yacov, "in everything," "from everything," with "everything," so may He bless all of us together with a perfect blessing, & let us say, Amen. From On High, may there be invoked upon him & upon us such merit which will bring a safeguarding of peace. May we receive blessing from the Lord & just kindness from the God of our salvation, & may we find grace & good understanding in the eyes of God & man. (On Shabbat) May the Merciful One cause us to inherit that day which will be all Shabbat & rest for everlasting life. May the Merciful One cause us to inherit that day which is all good.

הָרַחֲמָן הוּא יְבָרֵךְ אֶת (אָבִי מוֹרִי) בַּעַל הַבַּיִת הַזֶּה. וְאֶת (אִמִּי מוֹרָתִי) בַּעֲלַת הַבַּיִת הַזֶּה, אוֹתָם וְאֶת בֵּיתָם וְאֶת זַרְעָם וְאֶת כָּל אֲשֶׁר לָהֶם. אוֹתָנוּ וְאֶת כָּל אֲשֶׁר לָנוּ, כְּמוֹ שֶׁנִּתְבָּרְכוּ אֲבוֹתֵינוּ אַבְרָהָם יִצְחָק וְיַעֲקֹב בַּכֹּל מִכֹּל כֹּל, כֵּן יְבָרֵךְ אוֹתָנוּ כֻּלָּנוּ יַחַד בִּבְרָכָה שְׁלֵמָה, וְנֹאמַר אָמֵן. בַּמָּרוֹם יְלַמְּדוּ עֲלֵיהֶם וְעָלֵינוּ זְכוּת שֶׁתְּהֵא לְמִשְׁמֶרֶת שָׁלוֹם. וְנִשָּׂא בְרָכָה מֵאֵת יי וּצְדָקָה מֵאלֹהֵי יִשְׁעֵנוּ וְנִמְצָא חֵן וְשֵׂכֶל טוֹב בְּעֵינֵי אֱלֹהִים וְאָדָם. בְּשַׁבָּת: הָרַחֲמָן הוּא יַנְחִילֵנוּ יוֹם שֶׁכֻּלּוֹ שַׁבָּת וּמְנוּחָה לְחַיֵּי הָעוֹלָמִים הָרַחֲמָן הוּא יַנְחִילֵנוּ יוֹם שֶׁכֻּלּוֹ טוֹב.

May the Merciful One grant us the privilege of reaching the days of the Mashiach and life in the World to Come. He is a tower of salvation to His king, and bestows kindness upon His anointed, to David and to his descendants forever. He who makes peace in His heights, may He make peace for us and for all Israel; and say, Amen. Fear the Lord, You His Holy Ones for those who fear Him suffer no want. Young lions are in need and go hungry, but those who seek the Lord shall not lack any good. Give thanks to the Lord for He is good. His kindness is everlasting. You open Your hand and satisfy the desire of every living thing. Blessed is the man who trusts in the Lord, and the Lord will be his trust. **Blessed are You, Lord, our God, King of the Universe, who creates the fruit of the vine.** *drink wine

הָרַחֲמָן הוּא יְזַכֵּנוּ לִימוֹת הַמָּשִׁיחַ וּלְחַיֵּי הָעוֹלָם הַבָּא. מִגְדּוֹל יְשׁוּעוֹת מַלְכּוֹ וְעֹשֶׂה חֶסֶד לִמְשִׁיחוֹ לְדָוִד וּלְזַרְעוֹ עַד עוֹלָם. עֹשֶׂה שָׁלוֹם בִּמְרוֹמָיו, הוּא יַעֲשֶׂה שָׁלוֹם עָלֵינוּ וְעַל כָּל יִשְׂרָאֵל וְאִמְרוּ, אָמֵן. יְראוּ אֶת יי קְדֹשָׁיו, כִּי אֵין מַחְסוֹר לִירֵאָיו. כְּפִירִים רָשׁוּ וְרָעֵבוּ, וְדֹרְשֵׁי יי לֹא יַחְסְרוּ כָל טוֹב. הוֹדוּ לַיי כִּי טוֹב כִּי לְעוֹלָם חַסְדּוֹ. פּוֹתֵחַ אֶת יָדֶךָ, וּמַשְׂבִּיעַ לְכָל חַי רָצוֹן. בָּרוּךְ הַגֶּבֶר אֲשֶׁר יִבְטַח בַּיי, וְהָיָה יי מִבְטַחוֹ. נַעַר הָיִיתִי גַּם זָקַנְתִּי, וְלֹא רָאִיתִי צַדִּיק נֶעֱזָב, וְזַרְעוֹ מְבַקֶּשׁ לָחֶם.יי' עֹז לְעַמּוֹ יִתֵּן, יי יְבָרֵךְ אֶת עַמּוֹ בַשָּׁלוֹם. הִנְנִי מוּכָן וּמְזֻמָּן לְקַיֵּם מִצְוַת כּוֹס שְׁלִישִׁי שֶׁהוּא כְּנֶגֶד בְּשׂוֹרַת הַיְשׁוּעָה, שֶׁאָמַר הַקָּדוֹשׁ בָּרוּךְ הוּא לְיִשְׂרָאֵל וְגָאַלְבִּי אֶתְכֶם בִּזְרוֹעַ נְטוּיָה וּבִשְׁפָטִים גְּדוֹלִים **בָּרוּךְ אַתָּה יי אֱלֹהֵינוּ מֶלֶךְ הָעוֹלָם בּוֹרֵא פְּרִי הַגָּפֶן.** *תִּשְׁתֶּה אֶת הַיַּיִן

POUR THE 4TH GLASS OF WINE

Pour out your Wrath, upon the nations that do not acknowledge You, and upon the [immoral] kingdoms that do not call upon Your Name. For they have devoured Yacov and laid waste to his habitation. Pour out Your indignation upon them, and let the wrath of Your anger overtake them. Pursue them with anger & destroy them from beneath the heavens of the Lord.

שְׁפֹךְ חֲמָתְךָ אֶל הַגּוֹים אֲשֶׁר לֹא יְדָעוּךָ וְעַל
מַמְלָכוֹת אֲשֶׁר בְּשִׁמְךָ לֹא קָרָאוּ. כִּי אָכַל אֶת יַעֲקֹב
וְאֶת נָוֵהוּ הֵשַׁמּוּ. שְׁפָךְ עֲלֵיהֶם זַעְמֶךָ וַחֲרוֹן אַפְּךָ
יַשִּׂיגֵם תִּרְדֹּף בְּאַף וְתַשְׁמִידֵם מִתַּחַת שְׁמֵי יי .

Not to us, Lord, not to us, but to Your Name give glory, for the sake of Your kindness & Your truth. Why should the nations say, "Where is their God?" Our God is in heaven, whatever He desires, He does. Their idols are of silver and gold, the product of human hands: they have a mouth, but cannot speak; they have eyes, but cannot see; they have ears, but cannot hear; they have a nose, but cannot smell; their hands cannot feel; their feet cannot walk; they can make no sound with their throat. Like them should be their makers, everyone that trusts in them. **Israel, trust in the Lord! He is our help and our shield.** House of Aaron, trust in the Lord! He is their help & their shield. You who fear the Lord, trust in the Lord! He is their help & their shield.

לֹא לָנוּ , יְיָ, לֹא לָנוּ , כִּי לְשִׁמְךָ תֵּן כָּבוֹד, עַל חַסְדְּךָ, עַל אֲמִתֶּךָ. לָמָּה יֹאמְרוּ הַגּוֹיִם: אַיֵּה נָא אֱלֹהֵיהֶם? וֵאלֹהֵינוּ בַשָּׁמָיִם, כֹּל אֲשֶׁר חָפֵץ עָשָׂה. עֲצַבֵּיהֶם כֶּסֶף וְזָהָב מַעֲשֵׂה יְדֵי אָדָם. פֶּה לָהֶם וְלֹא יְדַבֵּרוּ, עֵינַיִם לָהֶם וְלֹא יִרְאוּ. אָזְנַיִם לָהֶם וְלֹא יִשְׁמָעוּ, אַף לָהֶם וְלֹא יְרִיחוּן. יְדֵיהֶם וְלֹא יְמִישׁוּן, רַגְלֵיהֶם וְלֹא יְהַלֵּכוּ, לֹא יֶהְגּוּ בִּגְרוֹנָם. כְּמוֹהֶם יִהְיוּ עֹשֵׂיהֶם, כֹּל אֲשֶׁר בֹּטֵחַ בָּהֶם. **יִשְׂרָאֵל בְּטַח בַּיהוה! עֶזְרָם וּמָגִנָּם הוּא.** בֵּית אַהֲרֹן בִּטְחוּ ביהוה, עֶזְרָם וּמָגִנָּם הוּא. יִרְאֵי יְהוָה בִּטְחוּ בַּיהוָה עֶזְרָם וּמָגִנָּם הוּא.

יי זְכָרָנוּ יְבָרֵךְ, יְבָרֵךְ אֶת בֵּית יִשְׂרָאֵל.

יְבָרֵךְ אֶת בֵּית אַהֲרֹן, יְבָרֵךְ יִרְאֵי יי, הַקְּטַנִּים עִם הַגְּדֹלִים. יֹסֵף יי עֲלֵיכֶם, עֲלֵיכֶם וְעַל בְּנֵיכֶם. בְּרוּכִים אַתֶּם לַיי, עֹשֵׂה שָׁמַיִם וָאָרֶץ. הַשָּׁמַיִם שָׁמַיִם לַיי וְהָאָרֶץ נָתַן לִבְנֵי אָדָם. לֹא הַמֵּתִים יְהַלְלוּיָהּ וְלֹא כָּל יֹרְדֵי דוּמָה. וַאֲנַחְנוּ נְבָרֵךְ יָהּ מֵעַתָּה וְעַד עוֹלָם. הַלְלוּיָהּ.

God will remember us. He will bless the House of Israel.

He will bless the House of Aaron; He will bless those who fear the Lord, the small with the great. May the Lord bless you and your children. You are blessed unto the Lord, the Maker of heaven and earth. The heavens are the heavens of the Eternal but the earth He gave to the children of man. The dead do not praise God, nor do those that go down into the silence. But we will bless God, from now to eternity. Praise God. Halleluyah!

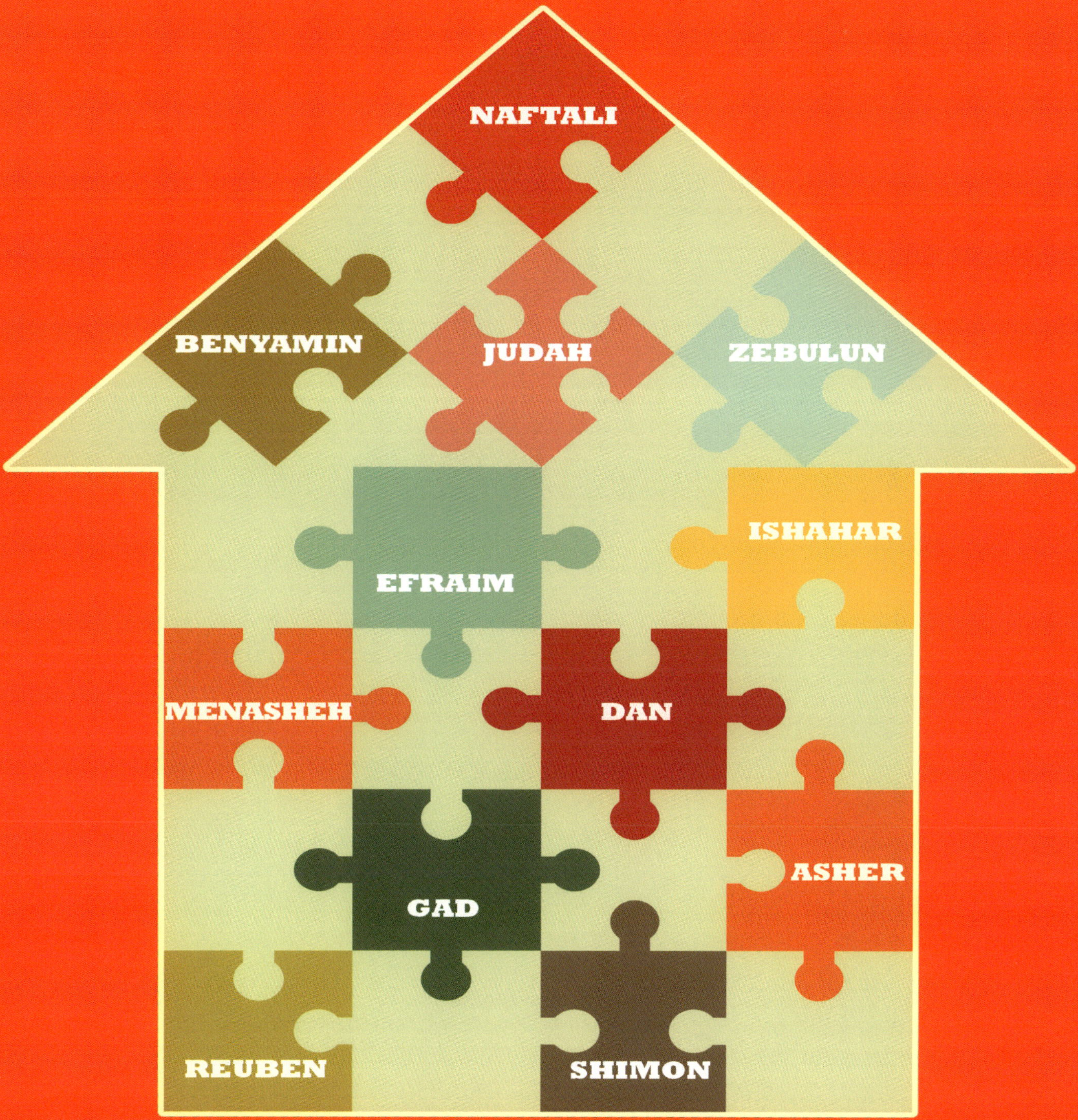
NAFTALI
BENYAMIN
JUDAH
ZEBULUN
EFRAIM
ISHAHAR
MENASHEH
DAN
GAD
ASHER
REUBEN
SHIMON

"צוּר
עֻזִּי מַחְסִי בֵּאלֹהִים." -
תְּהִלִּים 62:8

"יְהִי-חַסְדְּךָ יְהוָה
עָלֵינוּ: כַּאֲשֶׁר, יִחַלְנוּ
לָךְ." - 33:22

הַלְלוּ-יָהּ

"הֵיטִיבָה יְהוָה
לַטּוֹבִים"
125:4

"עֶזְרִי מֵעִם
יְהוָה"

"הַצִּילֵנִי מֵאֹיְבַי יְהוָה
אֵלֶיךָ כִסִּתִי" תְּהִלִּים
143:9

"הַקְשִׁיבָה, אֶל
רִנָּתִי כִּי דַלּוֹתִי מְאֹד"
תְּהִלִּים142:7

"חַנּוּן וְרַחוּם
יְהוָה; אֶרֶךְ אַפַּיִם,
וּגְדָל-חָסֶד." תְּהִלִּים
145:8

"טוֹב,
לְהֹדוֹת
לַיהוה"

"וְחֶסֶד יְהוָה, מֵעוֹלָם
וְעַד-עוֹלָם עַל-יְרֵאָיו;
וְצִדְקָתוֹ, לִבְנֵי בָנִים."
תְּהִלִּים103:17

"בְּכָל-יוֹם
אֲ בָ רְ כֶ ךָּ "
תְּהִלִּים145:2

"בְּיוֹם קָרָאתִי,
וַתַּעֲנֵנִי; תַּרְהִבֵנִי בְנַפְשִׁי
עֹז." - תְּהִלִּים138:3

טוֹב
טוֹב,
לְהֹדוֹת
לַיהוָה
טוֹב,
לְהֹדוֹת
לַיהוָה
טוֹב
טוֹב
טוֹב

טוֹב,
לְהֹדוֹת
לַיהוה

"אַךְ טוֹב וָחֶסֶד
יִרְדְּפוּנִי כָּל-יְמֵי חַיָּי;
וְשַׁבְתִּי בְּבֵית-יְהוָה,
לְאֹרֶךְ יָמִים."
- תְּהִלִּים
23:6

"בִּנְאוֹת דֶּשֶׁא, יַרְבִּיצֵנִי;
עַל-מֵי מְנֻחוֹת יְנַהֲלֵנִי. נַפְשִׁי
יְשׁוֹבֵב; יַנְחֵנִי בְמַעְגְּלֵי-צֶדֶק, לְמַעַן
שְׁמוֹ." - תְּהִלִּים 23:2

"אַשְׁרֵי הָאִישׁ
אֲשֶׁר לֹא הָלַךְ,
בַּעֲצַת רְשָׁעִים
וּבְדֶרֶךְ חַטָּאִים
לֹא עָמָד
וּבְמוֹשַׁב לֵצִים
לֹא יָשָׁב."
תְּהִלִּים1

עֲשֵׂה
עִם-עַבְדְּךָ כְחַסְדֶּךָ - תְּהִלִּים
119:124

טוֹב, לְהֹדוֹת
לַיהוה

לעזור!

"הוֹשִׁיעֵנִי אֱלֹהִים כִּי בָאוּ
מַיִם עַד - נָפֶשׁ." - תְּהִלִּים
69:2

"אֲדֹנָי שִׁמְעָה
בְקוֹלִי" 130:2

טוֹב, לְהֹדוֹת
לַיהוה

לעזור!

"שַׁאֲלוּ, שְׁלוֹם
יְרוּשָׁלִָם"
תְּהִלִּים122:6

I Love the Lord for he hears my voice,

and my prayers. For He turned His ear to me; all my days I will call upon him. The pangs of death encompassed me, and the agonies of the grave seized me, trouble and sorrow I encountered and I called upon the Name of the Lord: Please, Lord, deliver my soul! The Lord is gracious and just, our God is merciful. The Lord watches over the simpletons; I was brought low and He saved me. Return, my soul, to your rest, for the Lord has dealt kindly with you. For He has delivered my soul from death, my eyes from tears, my foot from stumbling. I will walk before the Lord in the lands of the living. I had faith even when I said, "I am greatly afflicted;" Only in my haste did I say, "All men are deceitful."

אָהַבְתִּי כִּי יִשְׁמַע יי אֶת קוֹלִי,

תַּחֲנוּנָי. כִּי הִטָּה אָזְנוֹ לִי וּבְיָמַי אֶקְרָא. אֲפָפוּנִי חֶבְלֵי מָוֶת וּמְצָרֵי שְׁאוֹל מְצָאוּנִי, צָרָה וְיָגוֹן אֶמְצָא. וּבְשֵׁם יי אֶקְרָא: אָנָּא יי מַלְּטָה נַפְשִׁי! חַנּוּן יי וְצַדִּיק, וֵאלֹהֵינוּ מְרַחֵם. שֹׁמֵר פְּתָאִים יי, דַּלֹּתִי וְלִי יְהוֹשִׁיעַ. שׁוּבִי נַפְשִׁי לִמְנוּחָיְכִי, כִּי יי גָּמַל עָלָיְכִי. כִּי חִלַּצְתָּ נַפְשִׁי מִמָּוֶת, אֶת עֵינִי מִן דִּמְעָה, אֶת רַגְלִי מִדֶּחִי. אֶתְהַלֵּךְ לִפְנֵי יי בְּאַרְצוֹת הַחַיִּים. הֶאֱמַנְתִּי כִּי אֲדַבֵּר, אֲנִי עָנִיתִי מְאֹד. אֲנִי אָמַרְתִּי בְחָפְזִי: כָּל הָאָדָם כֹּזֵב.

How can I repay The Lord for all his Kindness to me. I will raise the cup of salvation and call upon the Name of the Lord. I will pay my vows to the Lord in the presence of all His people. Precious in the eyes of the Lord is the death of His pious ones. I thank you, Lord, for I am Your servant. I am Your servant the son of Your handmaid, You have loosened my bonds. To You I will bring an offering of thanksgiving, and I will call upon the Name of the Lord. I will pay my vows to the Lord in the presence of all His people, in the courtyards of the House of the Lord, in the midst of Jerusalem. Halleluyah!

מָה אָשִׁיב לַיי כׇּל תַּגְמוּלוֹהִי עָלָי. כּוֹס יְשׁוּעוֹת אֶשָּׂא וּבְשֵׁם יי אֶקְרָא. נְדָרַי לַיי אֲשַׁלֵּם נֶגְדָה נָּא לְכׇל עַמּוֹ. יָקָר בְּעֵינֵי יי הַמָּוְתָה לַחֲסִידָיו. אָנָּא יי כִּי אֲנִי עַבְדֶּךָ, אֲנִי עַבְדְּךָ בֶּן אֲמָתֶךָ, פִּתַּחְתָּ לְמוֹסֵרָי. לְךָ אֶזְבַּח זֶבַח תּוֹדָה וּבְשֵׁם יי אֶקְרָא. נְדָרַי לַיי אֲשַׁלֵּם נֶגְדָה נָּא לְכׇל עַמּוֹ. בְּחַצְרוֹת בֵּית יי בְּתוֹכֵכִי יְרוּשָׁלָיִם. הַלְלוּיָהּ.

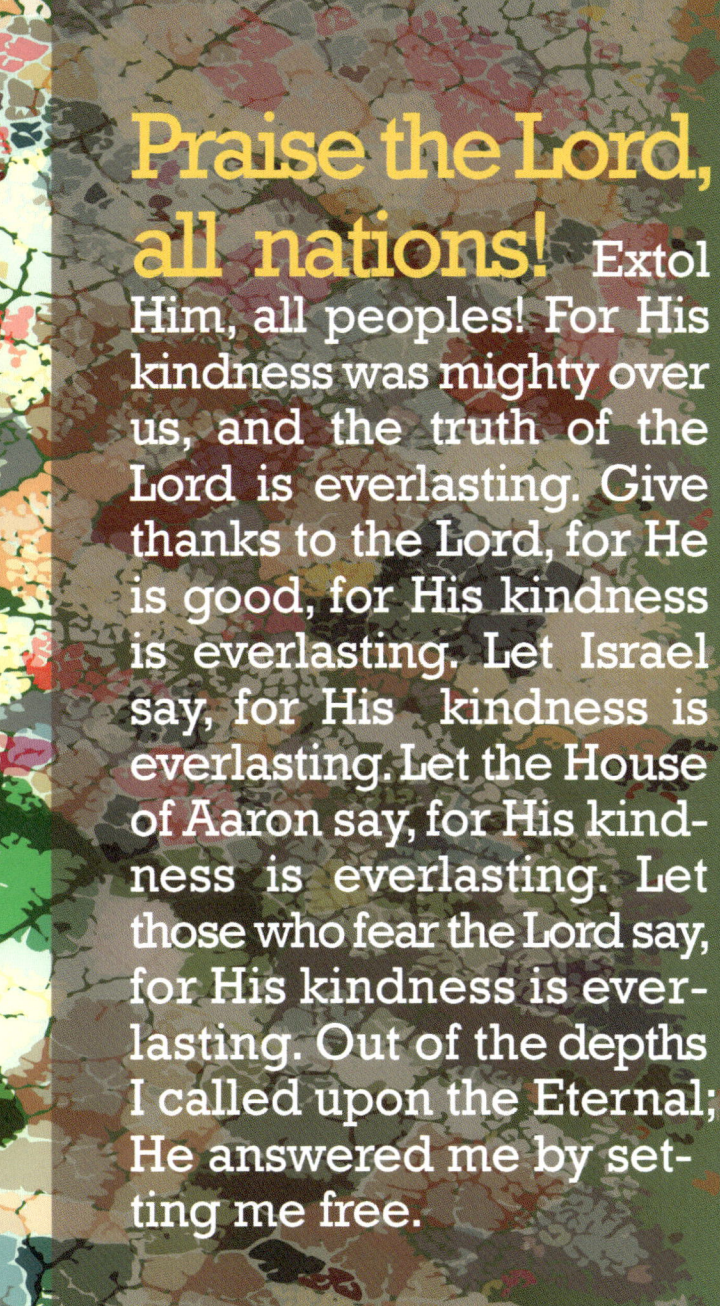

Praise the Lord, all nations! Extol Him, all peoples! For His kindness was mighty over us, and the truth of the Lord is everlasting. Give thanks to the Lord, for He is good, for His kindness is everlasting. Let Israel say, for His kindness is everlasting. Let the House of Aaron say, for His kindness is everlasting. Let those who fear the Lord say, for His kindness is everlasting. Out of the depths I called upon the Eternal; He answered me by setting me free.

הַלְלוּ אֶת יי כָּל גּוֹיִם! שַׁבְּחוּהוּ כָּל הָאֻמִּים. כִּי גָבַר עָלֵינוּ חַסְדּוֹ, וֶאֱמֶת יי לְעוֹלָם. הַלְלוּיָהּ. הוֹדוּ לַיי כִּי טוֹב כִּי לְעוֹלָם חַסְדּוֹ. יֹאמַר נָא יִשְׂרָאֵל כִּי לְעוֹלָם חַסְדּוֹ. יֹאמְרוּ נָא בֵית אַהֲרֹן כִּי לְעוֹלָם חַסְדּוֹ. יֹאמְרוּ נָא יִרְאֵי יי כִּי לְעוֹלָם חַסְדּוֹ.

FEAR

מִן הַמֵּצַר קָרָאתִי יָּהּ
עָנָנִי בַמֶּרְחַב יָהּ. יי לִי
לֹא אִירָא - מַה יַּעֲשֶׂה לִי אָדָם.
יי לִי בְּעֹזְרָי וַאֲנִי אֶרְאֶה בְשֹׂנְאָי. טוֹב
לַחֲסוֹת בַּיי מִבְּטֹחַ בָּאָדָם. טוֹב
לַחֲסוֹת בַּיי מִבְּטֹחַ בִּנְדִיבִים. כָּל גּוֹיִם
סְבָבוּנִי, בְּשֵׁם יי כִּי אֲמִילַם. סַבּוּנִי
גַם סְבָבוּנִי, בְּשֵׁם יי כִּי
אֲמִילַם
סַבּוּנִי
כִדְבֹרִים
דֹּעֲכוּ
כְּאֵשׁ
קוֹצִים
בְּשֵׁם יי כִּי
אֲמִילַם.

The Lord is with me, I will not fear.

What can man do to me? The Lord is with me, he is my helper and I can face my enemies. It is better to rely on the Lord, than to trust in man. It is better to rely on the Lord, than to trust in nobles. All nations surround me, but I cut them down in the Name of the Lord. They surrounded me, they encompassed me, but I cut them down in the Name of the Lord. They surrounded me like bees, yet they are extinguished like a fire of thorns; I cut them down in the Name of the Lord.

You [my foes] pushed me again and again to fall, but the Lord helped me. God is my strength and song, and this has been my salvation. The sound of joyous song and salvation is in the tents of the righteous: "The right hand of the Lord performs deeds of valor. The right hand of the Lord is exalted; the right hand of the Lord performs deeds of valor!" I shall not die, but I shall live and relate the deeds of God. God has chastised me, but He did not give me over to death. Open for me the gates of righteousness; I will enter them and give thanks to God. This is the gate of the Lord, the righteous will enter it.

TRUST

דָּחֹה דְּחִיתַנִי לִנְפֹּל, וַיי עֲזָרָנִי. עָזִּי וְזִמְרָת יָהּ וַיְהִי לִי לִישׁוּעָה. קוֹל רִנָּה וִישׁוּעָה בְּאָהֳלֵי צַדִּיקִים: יְמִין יי עֹשָׂה חָיִל, יְמִין יי רוֹמֵמָה, יְמִין יי עֹשָׂה חָיִל. לֹא אָמוּת כִּי אֶחְיֶה, וַאֲסַפֵּר מַעֲשֵׂי יָהּ. יַסֹּר יִסְּרַנִּי יָּהּ, וְלַמָּוֶת לֹא נְתָנָנִי. פִּתְחוּ לִי שַׁעֲרֵי צֶדֶק, אָבֹא בָם, אוֹדֶה יָהּ. זֶה הַשַּׁעַר לַיי, צַדִּיקִים יָבֹאוּ בוֹ.

I Thank You for You have answered me and been a help to me! The stone scorned by the builders has become the main cornerstone. This was indeed from the Lord, it is wondrous in our eyes. This day the Lord has made, let us be glad and rejoice on it. O Lord, please help us! O Lord, please grant us success! Blessed is he who comes in the Name of the Lord; we bless you from the House of the Lord. The Lord is Almighty, He gave us light; bind the festival-offering until [you bring it to] the horns of the altar. You are my God and I will thank You; my God, I will exalt You. Give thanks to the Lord, for He is good, for His kindness is everlasting.

אוֹדְךָ כִּי עֲנִיתָנִי וַתְּהִי לִי לִישׁוּעָה. אוֹדְךָ כִּי עֲנִיתָנִי וַתְּהִי לִי לִישׁוּעָה. אֶבֶן מָאֲסוּ הַבּוֹנִים הָיְתָה לְרֹאשׁ פִּנָּה. אֶבֶן מָאֲסוּ הַבּוֹנִים הָיְתָה לְרֹאשׁ פִּנָּה. מֵאֵת יהוה הָיְתָה זֹּאת הִיא נִפְלָאת בְּעֵינֵינוּ. מֵאֵת יהוה הָיְתָה זֹּאת הִיא נִפְלָאת בְּעֵינֵינוּ. אָנָּא יי, הוֹשִׁיעָה נָּא. אָנָּא יי, הוֹשִׁיעָה נָּא. אָנָּא יי, הַצְלִיחָה נָא. אָנָּא יי, הַצְלִיחָה נָא. בָּרוּךְ הַבָּא בְּשֵׁם יי, בֵּרַכְנוּכֶם מִבֵּית יי. בָּרוּךְ הַבָּא בְּשֵׁם יי, בֵּרַכְנוּכֶם מִבֵּית יי. אֵל יי וַיָּאֶר לָנוּ. אִסְרוּ חַג בַּעֲבֹתִים עַד קַרְנוֹת הַמִּזְבֵּחַ. אֵל יי וַיָּאֶר לָנוּ. אִסְרוּ חַג בַּעֲבֹתִים עַד קַרְנוֹת הַמִּזְבֵּחַ. אֵלִי אַתָּה וְאוֹדֶךָּ, אֱלֹהַי - אֲרוֹמְמֶךָּ. אֵלִי אַתָּה וְאוֹדֶךָּ, אֱלֹהַי - אֲרוֹמְמֶךָּ. הוֹדוּ לַיי כִּי טוֹב, כִּי לְעוֹלָם חַסְדּוֹ. הוֹדוּ לַיי כִּי טוֹב, כִּי לְעוֹלָם חַסְדּוֹ.

God, all your works shall praise you, your pious ones, the righteous who do Your will, and all Your people, the House of Israel, with joyous song will thank and bless, laud and glorify, exalt and adore, sanctify and proclaim the sovereignty of Your Name, our King. For it is good to thank You, & befitting to sing to Your Holy Name, for from the beginning to the end of the world You are The Almighty God. Give thanks to the Lord, for He is good for His kindness is everlasting Who alone does great wonders.

יְהַלְלוּךָ יי אֱלֹהֵינוּ כָּל מַעֲשֶׂיךָ, וַחֲסִידֶיךָ צַדִּיקִים עוֹשֵׂי רְצוֹנֶךָ, וְכָל עַמְּךָ בֵּית יִשְׂרָאֵל בְּרִנָּה יוֹדוּ וִיבָרְכוּ, וִישַׁבְּחוּ וִיפָאֲרוּ, וִירוֹמְמוּ וְיַעֲרִיצוּ, וְיַקְדִּישׁוּ וְיַמְלִיכוּ אֶת שִׁמְךָ, מַלְכֵּנוּ. כִּי לְךָ טוֹב לְהוֹדוֹת וּלְשִׁמְךָ נָאֶה לְזַמֵּר, כִּי מֵעוֹלָם וְעַד עוֹלָם אַתָּה אֵל. הוֹדוּ לַיי כִּי טוֹב כִּי לְעוֹלָם חַסְדּוֹ. **הוֹדוּ לֵאלֹהֵי הָאֱלֹהִים כִּי לְעוֹלָם חַסְדּוֹ.** הוֹדוּ לַאֲדֹנֵי הָאֲדֹנִים כִּי לְעוֹלָם חַסְדּוֹ. לְעֹשֵׂה נִפְלָאוֹת גְּדֹלוֹת לְבַדּוֹ.

For His kindness is everlasting. **Who made the heavens with understanding for His kindness is everlasting;** Who stretched out the earth above the waters for His kindness is everlasting; Who made the great lights for His kindness is everlasting. The sun, to rule by day for His kindness is everlasting; The moon and stars, to rule by night for His kindness is everlasting;

כִּי לְעוֹלָם חַסְדּוֹ. לְעֹשֵׂה הַשָּׁמַיִם בִּתְבוּנָה כִּי לְעוֹלָם חַסְדּוֹ. לְרוֹקַע הָאָרֶץ עַל הַמָּיִם כִּי לְעוֹלָם חַסְדּוֹ. לְעֹשֵׂה אוֹרִים גְּדֹלִים כִּי לְעוֹלָם חַסְדּוֹ. אֶת הַשֶּׁמֶשׁ לְמֶמְשֶׁלֶת בַּיּוֹם כִּי לְעוֹלָם חַסְדּוֹ. אֶת הַיָּרֵחַ וְכוֹכָבִים לְמֶמְשְׁלוֹת בַּלָּיְלָה כִּי לְעוֹלָם חַסְדּוֹ.

Who struck Egypt through their first-born for his kindness is everlasting;

And brought Israel out of their midst for his kindness is everlasting;

With a strong hand and with an outstretched arm for his kindness is everlasting;

Who split the Sea of Reeds into sections for his kindness is everlasting;

And led Israel through it for his kindness is everlasting;

And cast Pharaoh and his army into the Sea of Reeds for His kindness is everlasting;

Who led his people through the desert for his kindness is everlasting.

לְמַכֵּה מִצְרַיִם בִּבְכוֹרֵיהֶם כִּי לְעוֹלָם חַסְדּוֹ.

וַיּוֹצֵא יִשְׂרָאֵל מִתּוֹכָם כִּי לְעוֹלָם חַסְדּוֹ.

בְּיָד חֲזָקָה וּבִזְרוֹעַ נְטוּיָה כִּי לְעוֹלָם חַסְדּוֹ.

לְגֹזֵר יַם סוּף לִגְזָרִים כִּי לְעוֹלָם חַסְדּוֹ.

וְהֶעֱבִיר יִשְׂרָאֵל בְּתוֹכוֹ כִּי לְעוֹלָם חַסְדּוֹ.

וְנִעֵר פַּרְעֹה וְחֵילוֹ בְיַם סוּף כִּי לְעוֹלָם חַסְדּוֹ.

לְמוֹלִיךְ עַמּוֹ בַּמִּדְבָּר כִּי לְעוֹלָם חַסְדּוֹ.

And slew mighty kings for His kindness is everlasting; Sichon, king of the Amorites for His kindness is everlasting; And Og, king of Bashan for His kindness is everlasting; and gave their land as a heritage for His kindness is everlasting; heritage to Israel, His servant for His kindness is everlasting; Who remembered us in our lowliness for His kindness is everlasting. And delivered us from our oppressors for His kindness is everlasting; Who gives food to all flesh for His kindness is everlasting Thank the God of heaven for His kindness is everlasting.

לְמַכֵּה מְלָכִים גְּדֹלִים כִּי לְעוֹלָם
חַסְדּוֹ. וַיַּהֲרֹג מְלָכִים אַדִּירִים כִּי
לְעוֹלָם חַסְדּוֹ. לְסִיחוֹן מֶלֶךְ הָאֱמֹרִי
כִּי לְעוֹלָם חַסְדּוֹ. וּלְעוֹג מֶלֶךְ הַבָּשָׁן
כִּי לְעוֹלָם חַסְדּוֹ. וְנָתַן אַרְצָם
לְנַחֲלָה כִּי לְעוֹלָם חַסְדּוֹ. נַחֲלָה
לְיִשְׂרָאֵל עַבְדּוֹ כִּי לְעוֹלָם חַסְדּוֹ.
שֶׁבְּשִׁפְלֵנוּ זָכַר לָנוּ כִּי לְעוֹלָם
חַסְדּוֹ. וַיִּפְרְקֵנוּ מִצָּרֵינוּ כִּי לְעוֹלָם
חַסְדּוֹ. נֹתֵן לֶחֶם לְכָל בָּשָׂר כִּי
לְעוֹלָם חַסְדּוֹ. הוֹדוּ לְאֵל הַשָּׁמָיִם
כִּי לְעוֹלָם
חַסְדּוֹ.

All will bless your name and the spirit of all flesh shall always glorify and exalt Your remembrance, our King. From the beginning to the end of the world You are Almighty God; and other than you we have no king, redeemer and savior who delivers, rescues, sustains, answers and is merciful in every time of trouble & distress; we have no king but you.

נִשְׁמַת כָּל חַי תְּבָרֵךְ אֶת שִׁמְךָ, יי אֱלֹהֵינוּ, וְרוּחַ כָּל בָּשָׂר תְּפָאֵר וּתְרוֹמֵם זִכְרְךָ, מַלְכֵּנוּ, תָּמִיד. מִן הָעוֹלָם וְעַד הָעוֹלָם אַתָּה אֵל, וּמִבַּלְעָדֶיךָ אֵין לָנוּ מֶלֶךְ גּוֹאֵל וּמוֹשִׁיעַ, פּוֹדֶה וּמַצִּיל וּמְפַרְנֵס וּמְרַחֵם בְּכָל עֵת צָרָה וְצוּקָה. אֵין לָנוּ מֶלֶךְ אֶלָּא.

You are The God of the first and of the last generations, God of all creatures.

אַתָּה אֱלֹהֵי הָרִאשׁוֹנִים וְהָאַחֲרוֹנִים אֱלוֹהַּ כָּל בְּרִיּוֹת.

Lord of all events, who is extolled with manifold praises,who directs His world with kindness & His creatures with compassion. Behold, the Lord neither slumbers nor sleeps. He arouses the sleepers & awakens the slumberous, gives speech to the mute, releases the bound, supports the fallen & raises up [those in need]. To you alone we give thanks.

אֲדוֹן כָּל תּוֹלָדוֹת, הַמְהֻלָּל בְּרֹב הַתִּשְׁבָּחוֹת, הַמְנַהֵג עוֹלָמוֹ בְּחֶסֶד וּבְרִיּוֹתָיו בְּרַחֲמִים. וַיי לֹא יָנוּם וְלֹא יִישָׁן - הַמְעוֹרֵר יְשֵׁנִים וְהַמֵּקִיץ נִרְדָּמִים, וְהַמֵּשִׂיחַ אִלְּמִים וְהַמַּתִּיר אֲסוּרִים וְהַסּוֹמֵךְ נוֹפְלִים וְהַזּוֹקֵף כְּפוּפִים. לְךָ לְבַדְּךָ אֲנַחְנוּ מוֹדִים.

Even if our mouths were filled with song as the sea, and our tongues with joyous singing like the multitudes of its waves, and our lips with praise like the expanse of the sky; & our eyes shining like the sun & the moon, and our hands spread out like the eagles of heaven, and our feet swift like deer. We would still be able to thank You Lord, our God, the God of our forefathers, and to bless Your Name.

For even one of the thousands of millions & myriads of favors, miracles & wonders

which You have done for us & for our forefathers before us. Lord, our God, You have redeemed us from Egypt, You have freed us from slavery, You have fed us in famine & nourished us in plenty.

אִלּוּ פִּינוּ מָלֵא שִׁירָה כַּיָּם,
וּלְשׁוֹנֵנוּ רִנָּה כַּהֲמוֹן גַּלָּיו,
וְשִׂפְתוֹתֵינוּ שֶׁבַח כְּמֶרְחֲבֵי רָקִיעַ,
וְעֵינֵינוּ מְאִירוֹת כַּשֶּׁמֶשׁ וְכַיָּרֵחַ,
וְיָדֵינוּ פְרוּשׂוֹת כְּנִשְׁרֵי שָׁמָיִם,
וְרַגְלֵינוּ קַלּוֹת כָּאַיָּלוֹת אֵין אֲנַחְנוּ
מַסְפִּיקִים לְהוֹדוֹת לְךָ, יי אֱלֹהֵינוּ
וֵאלֹהֵי אֲבוֹתֵינוּ וּלְבָרֵךְ אֶת שְׁמֶךָ.
עַל אַחַת, מֵאֶלֶף אַלְפֵי אֲלָפִים
וְרִבֵּי רְבָבוֹת פְּעָמִים, הַטּוֹבוֹת
שֶׁעָשִׂיתָ עִם אֲבוֹתֵינוּ וְעִמָּנוּ.
מִמִּצְרַיִם גְּאַלְתָּנוּ, יי אֱלֹהֵינוּ,
וּמִבֵּית עֲבָדִים פְּדִיתָנוּ, בְּרָעָב
זַנְתָּנוּ וּבְשָׂבָע כִּלְכַּלְתָּנוּ.

You have raised us from evil and lasting maladies. Your mercies have helped us and Your kindnesses has not deserted us. Oh Lord, our God do not abandon us! Therefore the limbs that You have arranged within us and the spirit and soul which You have breathed into our nostrils, and the tongue which You have placed in our mouth, they all shall thank, bless, praise, glorify, exalt, adore, sanctify & proclaim the sovereignty of Your Name our King. For every mouth shall offer thanks to You, every tongue shall swear by You, every eye shall look to You, every knee shall bend to You, all who stand erect shall bow down before You, all hearts shall fear You, and every innermost part shall sing praise to Your Name, as it is written: "All my bones will say, Lord, who is like You; You save the poor from one stronger than he, the needy from one who would rob him!"

מֵחֶרֶב הִצַּלְתָּנוּ וּמִדֶּבֶר מִלַּטְתָּנוּ, וּמֵחֳלָיִם רָעִים וְנֶאֱמָנִים דִּלִּיתָנוּ. עַד הֵנָּה עֲזָרוּנוּ רַחֲמֶיךָ וְלֹא עֲזָבוּנוּ חֲסָדֶיךָ, וְאַל תִּטְּשֵׁנוּ, יי אֱלֹהֵינוּ, לָנֶצַח. עַל כֵּן אֵבָרִים שֶׁפִּלַּגְתָּ בָּנוּ וְרוּחַ וּנְשָׁמָה שֶׁנָּפַחְתָּ בְּאַפֵּינוּ וְלָשׁוֹן אֲשֶׁר שַׂמְתָּ בְּפִינוּ הֵן הֵם יוֹדוּ וִיבָרְכוּ וִישַׁבְּחוּ וִיפָאֲרוּ וִירוֹמְמוּ וְיַעֲרִיצוּ וְיַקְדִּישׁוּ וְיַמְלִיכוּ אֶת שִׁמְךָ מַלְכֵּנוּ. כִּי כָל פֶּה לְךָ יוֹדֶה, וְכָל לָשׁוֹן לְךָ תִשָּׁבַע, וְכָל בֶּרֶךְ לְךָ תִכְרַע, וְכָל קוֹמָה לְפָנֶיךָ תִשְׁתַּחֲוֶה, וְכָל לְבָבוֹת יִירָאוּךָ, וְכָל קֶרֶב וּכְלָיוֹת יְזַמְּרוּ לִשְׁמֶךָ, כַּדָּבָר שֶׁכָּתוּב, כָּל עַצְמֹתַי תֹּאמַרְנָה: יי, מִי כָמוֹךָ מַצִּיל עָנִי מֵחָזָק מִמֶּנּוּ וְעָנִי וְאֶבְיוֹן מִגֹּזְלוֹ.

Who can be likened to you?

Who is equal to You, who can be compared to You, the great, mighty, awesome God, God most high, Possessor of heaven and earth! We will laud You, praise You and glorify You, and we will bless Your holy Name, as it is said: " Tehillim by David; Bless the Lord, O my soul, and all that is within me bless His holy Name." You are the Almighty God in the power of Your strength; Great in the glory of Your Name; mighty forever, and awesome in Your deeds; the King who sits upon a lofty and exalted throne. He who dwells for eternity, lofty and holy is His Name. And it is written: "Sing joyously to the Lord, you righteous; it befits the upright to offer praise." By the mouth of the upright You are exalted; by the lips of the righteous You are blessed; by the tongue of the pious You are sanctified & among the holy ones You are praised. In the assemblies of the myriads of your people, the House of Israel.

מִי יִדְמֶה לָּךְ וּמִי יִשְׁוֶה לָּךְ
וּמִי יַעֲרָךְ לָךְ הָאֵל הַגָּדוֹל,
הַגִּבּוֹר וְהַנּוֹרָא, אֵל עֶלְיוֹן, קֹנֵה
שָׁמַיִם וָאָרֶץ. נְהַלֶּלְךָ וּנְשַׁבֵּחֲךָ
וּנְפָאֶרְךָ וּנְבָרֵךְ אֶת שֵׁם קָדְשֶׁךָ,
כָּאָמוּר: לְדָוִד, בָּרְכִי נַפְשִׁי אֶת
יי וְכָל קְרָבַי אֶת שֵׁם קָדְשׁוֹ. הָאֵל
בְּתַעֲצֻמוֹת עֻזֶּךָ, הַגָּדוֹל בִּכְבוֹד
שְׁמֶךָ, הַגִּבּוֹר לָנֶצַח וְהַנּוֹרָא
בְּנוֹרְאוֹתֶיךָ, הַמֶּלֶךְ הַיּוֹשֵׁב עַל כִּסֵּא
רָם וְנִשָּׂא. שׁוֹכֵן עַד מָרוֹם וְקָדוֹשׁ
שְׁמוֹ. וְכָתוּב: רַנְּנוּ צַדִּיקִים בַּיי,
לַיְשָׁרִים נָאוָה תְהִלָּה. בְּפִי יְשָׁרִים
תִּתְהַלָּל, וּבְדִבְרֵי צַדִּיקִים תִּתְבָּרַךְ,
וּבִלְשׁוֹן חֲסִידִים תִּתְרוֹמָם וּבְקֶרֶב
קְדוֹשִׁים תִּתְקַדָּשׁ. וּבְמַקְהֲלוֹת
רִבְבוֹת עַמְּךָ בֵּית יִשְׂרָאֵל.

Your Name, our King, shall be glorified with song in every generation. For such is the obligation of all creatures before You, Lord, our God and God of our forefathers, to thank, to laud, to praise, to glorify, to exalt, to adore, to bless, to elevate & to honor You, in all the words of songs & praises. Therefore may Your Name be praised forever, our King, the great and holy God and King, in heaven and on earth. For to You, Lord, our God and the God of our forefathers, forever befits song and praise, laud & hymn, strength & dominion, victory, greatness and might, glory, splendor, holiness and sovereignty; blessings and thanksgivings to Your great and holy Name; from the beginning to the end of the world You are Almighty God. Blessed are You, Lord, Almighty God, King, great and extolled in praises, God of thanksgivings, Lord of wonders, Creator of all souls, Master of all creatures, who takes pleasure in songs of praise.

בְּרִנָּה יִתְפָּאֵר, שִׁמְךָ, מַלְכֵּנוּ, בְּכָל דּוֹר וָדוֹר, שֶׁכֵּן חוֹבַת כָּל הַיְצוּרִים לְפָנֶיךָ, יי אֱלֹהֵינוּ וֵאלֹהֵי אֲבוֹתֵינוּ , לְהוֹדוֹת לְהַלֵּל לְשַׁבֵּחַ, לְפָאֵר לְרוֹמֵם לְהַדֵּר לְבָרֵךְ, לְעַלֵּה וּלְקַלֵּס עַל כָּל דִּבְרֵי שִׁירוֹת וְתִשְׁבְּחוֹת דָּוִד בֶּן יִשַׁי עַבְדְּךָ, מְשִׁיחֶךָ. יִשְׁתַּבַּח שִׁמְךָ לָעַד מַלְכֵּנוּ, הָאֵל הַמֶּלֶךְ הַגָּדוֹל וְהַקָּדוֹשׁ בַּשָּׁמַיִם וּבָאָרֶץ, כִּי לְךָ נָאֶה, יי אֱלֹהֵינוּ וֵאלֹהֵי אֲבוֹתֵינוּ שִׁיר וּשְׁבָחָה, הַלֵּל וְזִמְרָה, עֹז וּמֶמְשָׁלָה, נֶצַח, גְּדֻלָּה וּגְבוּרָה, תְּהִלָּה וְתִפְאֶרֶת, קְדֻשָּׁה וּמַלְכוּת, בְּרָכוֹת וְהוֹדָאוֹת מֵעַתָּה וְעַד עוֹלָם. בָּרוּךְ אַתָּה יי , אֵל מֶלֶךְ גָּדוֹל בַּתִּשְׁבָּחוֹת, אֵל הַהוֹדָאוֹת, אֲדוֹן הַנִּפְלָאוֹת, הַבּוֹחֵר בְּשִׁירֵי זִמְרָה, מֶלֶךְ אֵל חֵי הָעוֹלָמִים.

"The only King, the life
of all worlds."

Blessed are you Lord, our God, King of the Universe for creating the fruit of the vine.

בָּרוּךְ אַתָּה יי אֱלֹהֵינוּ מֶלֶךְ הָעוֹלָם בּוֹרֵא פְּרִי הַגָּפֶן.

Blessed are You, Lord our God, King of the Universe for the vine and for the fruit of the vine, for the produce of the field, and for the precious, good & spacious land which You have favored to give as a heritage to our forefathers, to eat of its fruit & to be satiated by its goodness. Have mercy, Lord our God, on Israel Your people, on Jerusalem Your city, on Zion the abode of your glory, on your altar & on your Temple. Rebuild Jerusalem speedily in our days and bring us up into it, and make us rejoice in it, and we will bless You in holiness and purity (On Shabbat: May it please You to strengthen us on this Shabbat day) and remember us for good on this day of the Festival of Matzot. For You, Lord, are good and do good to all, and we thank You for the land and for the fruit of the vine. Blessed are You, Lord, for the land and for the fruit of the vine.

The seder of Passover is completed according to the laws and customs. Jast as we were privleged to celebrate it this year so may we be privleged to celebrate it next year. O Pure One who dwells in heaven, restore Your countless congregations. Speedily lead the shoots of the plants, redeemed to Zion in joyful song.

Next year in Jerusalem!

(second night only) Blessed are you, Lord our God, King of the Universe, who sanctified us by Your commandments and commanded us to count the Omer. Today is the first day of the Omer.

בָּרוּךְ אַתָּה יי אֱלֹהֵינוּ מֶלֶךְ הָעוֹלָם, עַל הַגֶּפֶן וְעַל פְּרִי הַגֶּפֶן, עַל תְּנוּבַת הַשָּׂדֶה וְעַל אֶרֶץ חֶמְדָּה טוֹבָה וּרְחָבָה שֶׁרָצִיתָ וְהִנְחַלְתָּ לַאֲבוֹתֵינוּ לֶאֱכֹל מִפִּרְיָהּ וְלִשְׂבּוֹעַ מִטּוּבָהּ רַחֶם נָא יי אֱלֹהֵינוּ עַל יִשְׂרָאֵל עַמֶּךָ וְעַל יְרוּשָׁלַיִם עִירֶךָ וְעַל צִיּוֹן מִשְׁכַּן כְּבוֹדֶךָ וְעַל מִזְבְּחֶךָ וְעַל הֵיכָלֶךָ וּבְנֵה יְרוּשָׁלַיִם עִיר הַקֹּדֶשׁ בִּמְהֵרָה בְּיָמֵינוּ וְהַעֲלֵנוּ לְתוֹכָהּ וְשַׂמְּחֵנוּ בְּבִנְיָנָהּ וְנֹאכַל מִפִּרְיָהּ וְנִשְׂבַּע מִטּוּבָהּ וּנְבָרֶכְךָ עָלֶיהָ בִּקְדֻשָּׁה וּבְטָהֳרָה (בְּשַׁבָּת: וּרְצֵה וְהַחֲלִיצֵנוּ בְּיוֹם הַשַּׁבָּת הַזֶּה) וְשַׂמְּחֵנוּ בְּיוֹם חַג הַמַּצּוֹת הַזֶּה , כִּי אַתָּה יי טוֹב וּמֵטִיב לַכֹּל וְנוֹדֶה לְּךָ עַל הָאָרֶץ וְעַל פְּרִי הַגֶּפֶן. בָּרוּךְ אַתָּה יי עַל הַגֶּפֶן וְעַל פְּרִי הַגֶּפֶן.

חֲסַל סִדּוּר פֶּסַח כְּהִלְכָתוֹ, כְּכָל מִשְׁפָּטוֹ וְחֻקָּתוֹ. כַּאֲשֶׁר זָכִינוּ לְסַדֵּר אוֹתוֹ כֵּן נִזְכֶּה לַעֲשׂוֹתוֹ. זָךְ שׁוֹכֵן מְעוֹנָה, קוֹמֵם קְהַל עֲדַת מִי מָנָה. בְּקָרוֹב נַהֵל נִטְעֵי כַנָּה פְּדוּיִם לְצִיּוֹן בְּרִנָּה. לְשָׁנָה הַבָּאָה בִּירוּשָׁלָיִם.

בְּאֶרֶץ יִשְׂרָאֵל אוֹמְרִים:

לְשָׁנָה הַבָּאָה בִּירוּשָׁלַיִם הַבְּנוּיָה.

(בְּלֵיל שֵׁנִי) בָּרוּךְ אַתָּה יי אֱלֹהֵינוּ מֶלֶךְ הָעוֹלָם, אֲשֶׁר קִדְּשָׁנוּ בְּמִצְוֹתָיו וְצִוָּנוּ עַל סְפִירַת הָעֹמֶר. הַיּוֹם יוֹם אֶחָד בָּעֹמֶר.

Next Year in Jerusalem

On the first night say: *It came To Pass at Midnight* - You performed most wonders at night, In the early watches of this night; The righteous convert Avraham you caused to triumph at night; It came to pass at midnight. Grar's king Abimelech, you judged in a dream at night;You frightened Lavan in the dark of night; Israel overcame an angel and won by night; It came to pass at midnight. Egypt's firstborn you crushed at midnight; Their strength they found not when they rose at night; Sisera, prince of Harashet, you routed through stars of the night; It came to pass at midnight. Senncherib, the blasphemer, you disgraced by night; Babylon's idol fell in the dark of night; Daniel was shown the secret of the king's dream of the night; It came to pass at midnight. Belshazzar, who drank from the Temple's vessel, was killed that same night; Daniel who was saved from the lion's den interpreted the visions of night; Hateful Haman the Agagite wrote letters in the night; It came to pass at midnight. You triumphed against Haman in the king's sleepless night; Trample the winepress and aid those who ask; "What of the night?" The watchman responds: "Morning comes after night"; It came to pass at midnight. Hasen the eternal day which is not really day or night; Exalted One, proclaim that Yours are day and night; Set guards about Your city all day and night; Brighten as day the darkness of the night; It came to pass at midnight.

On the second night say: *Your wondrous powers did You display on Pesach;* Chief of all feasts did You make Pesach; You revealed Yourself to Avraham on the midnight of Pesach; And you shall say: It is the Pesach sacrifice. To his door did You come at noon on Pesach;With matzot he served angels on Pesach; To the herd he ran for the ox recalling Joseph on Pesach; And you shall say: It is the Pesach sacrifice. The men of Sodom were burned in wrath on Pesach; Lot was saved, he baked matzot at the end of Pesach;You sweeped and destroyed Egypt when passing on Pesach; And you shall say: It is the Pesach sacrifice. Lord, every Egyptian firstborn You did crush on Pesach; But Your firstborn You passed over on Pesach; So that no evil destroyed Israel's homes on Pesach; And you shall say: It is the Pesach sacrifice. The well-locked city of Jericho fell on Pesach; Midian was destroyed through a barley-cake from the Omer of Pesach; Assyria's mighty armies were consumed by fire on Pesach; And you shall say: It is the Pesach sacrifice; Senncherib would have held his ground at Nov but the siege on Pesach; A hand inscribed Babylon's fate on Pesach; Babylon's festive table was destroyed on Pesach; And you shall say: It is the Pesach sacrifice. Esther called a three-day fast on Pesach;You did hang the evil Haman on Pesach; Doubly, will You punish Edom on Pesach; Let Your mighty arm save us from harm on the night of Pesach.

בְּלֵיל רִאשׁוֹן אוֹמְרִים:

וּבְכֵן וַיְהִי בַּחֲצִי הַלַּיְלָה אָז רוֹב נִסִּים הִפְלֵאתָ בַּלַּיְלָה, בְּרֹאשׁ אַשְׁמוֹרֶת זֶה הַלַּיְלָה, גֵּר צֶדֶק נִצַּחְתּוֹ כְּנֶחֱלַק לוֹ לַיְלָה, וַיְהִי בַּחֲצִי הַלַּיְלָה. דַּנְתָּ מֶלֶךְ גְּרָר בַּחֲלוֹם הַלַּיְלָה, הִפְחַדְתָּ אֲרַמִּי בְּאֶמֶשׁ לַיְלָה, וַיָּשַׂר יִשְׂרָאֵל לְמַלְאָךְ וַיּוּכַל לוֹ לַיְלָה, וַיְהִי בַּחֲצִי הַלַּיְלָה. זֶרַע בְּכוֹרֵי פַתְרוֹס מָחַצְתָּ בַּחֲצִי הַלַּיְלָה, חֵילָם לֹא מָצְאוּ בְּקוּמָם בַּלַּיְלָה, טִיסַת נְגִיד חֲרֹשֶׁת סִלִּיתָ בְכוֹכְבֵי לַיְלָה, וַיְהִי בַּחֲצִי הַלַּיְלָה. יָעַץ מְחָרֵף לְנוֹפֵף אִוּוּי, הוֹבַשְׁתָּ פְגָרָיו בַּלַּיְלָה, כָּרַע בֵּל וּמַצָּבוֹ בְּאִישׁוֹן לַיְלָה, לְאִישׁ חֲמוּדוֹת נִגְלָה רָז חֲזוֹת לַיְלָה, וַיְהִי בַּחֲצִי הַלַּיְלָה. מִשְׁתַּכֵּר בִּכְלֵי קֹדֶשׁ נֶהֱרַג בּוֹ בַּלַּיְלָה, נוֹשַׁע מִבּוֹר אֲרָיוֹת פּוֹתֵר בִּעֲתוּתֵי לַיְלָה, שִׂנְאָה נָטַר אֲגָגִי וְכָתַב סְפָרִים בַּלַּיְלָה, וַיְהִי בַּחֲצִי הַלַּיְלָה. עוֹרַרְתָּ נִצְחֲךָ עָלָיו בְּנֶדֶד שְׁנַת לַיְלָה, פּוּרָה תִדְרוֹךְ לְשׁוֹמֵר מַה מִּלַּיְלָה, צָרַח כַּשּׁוֹמֵר וְשָׂח אָתָא בֹקֶר וְגַם לַיְלָה, וַיְהִי בַּחֲצִי הַלַּיְלָה. קָרֵב יוֹם אֲשֶׁר הוּא לֹא יוֹם וְלֹא לַיְלָה, רָם הוֹדַע כִּי לְךָ הַיּוֹם אַף לְךָ הַלַּיְלָה, שׁוֹמְרִים הַפְקֵד לְעִירְךָ כָּל הַיּוֹם וְכָל הַלַּיְלָה, תָּאִיר כְּאוֹר יוֹם חֶשְׁכַּת לַיְלָה, וַיְהִי בַּחֲצִי הַלַּיְלָה.

בְּלֵיל שֵׁנִי אוֹמְרִים:

וּבְכֵן וַאֲמַרְתֶּם זֶבַח פֶּסַח אֹמֶץ גְּבוּרוֹתֶיךָ הִפְלֵאתָ בַּפֶּסַח, בְּרֹאשׁ כָּל מוֹעֲדוֹת נִשֵּׂאתָ פֶּסַח, גִּלִּיתָ לְאֶזְרָחִי חֲצוֹת לֵיל פֶּסַח, וַאֲמַרְתֶּם זֶבַח פֶּסַח. דְּלָתָיו דָּפַקְתָּ כְּחֹם הַיּוֹם בַּפֶּסַח, הִסְעִיד נוֹצְצִים עֻגוֹת מַצּוֹת בַּפֶּסַח, וְאֶל הַבָּקָר רָץ זֵכֶר לְשׁוֹר עֵרֶךְ פֶּסַח, וַאֲמַרְתֶּם זֶבַח פֶּסַח. זֹעֲמוּ סְדוֹמִים וְלוֹהֲטוּ בָּאֵשׁ בַּפֶּסַח, חֻלַּץ לוֹט מֵהֶם וּמַצּוֹת אָפָה בְּקֵץ פֶּסַח, טִאטֵאתָ אַדְמַת מֹף וְנֹף בְּעָבְרְךָ בַּפֶּסַח, וַאֲמַרְתֶּם זֶבַח פֶּסַח. יָהּ רֹאשׁ כָּל אוֹן מָחַצְתָּ בְּלֵיל שִׁמּוּר פֶּסַח, כַּבִּיר עַל בֵּן בְּכוֹר פָּסַחְתָּ בְּדַם פֶּסַח, לְבִלְתִּי תֵּת מַשְׁחִית לָבֹא בִּפְתָחַי בַּפֶּסַח, וַאֲמַרְתֶּם זֶבַח פֶּסַח. מְסֻגֶּרֶת סֻגָּרָה בְּעִתּוֹתֵי פֶּסַח, נִשְׁמְדָה מִדְיָן בִּצְלִיל שְׂעוֹרֵי עֹמֶר פֶּסַח, שֹׂרְפוּ מִשְׁמַנֵּי פּוּל וְלוּד בִּיקַד יְקוֹד פֶּסַח, וַאֲמַרְתֶּם זֶבַח פֶּסַח. עוֹד הַיּוֹם בְּנֹב לַעֲמֹד עַד גָּעָה עוֹנַת פֶּסַח, פַּס יַד כָּתְבָה לְקַעֲקֵעַ צוּל בַּפֶּסַח, צָפֹה הַצָּפִית עָרוֹךְ הַשֻּׁלְחָן בַּפֶּסַח, וַאֲמַרְתֶּם זֶבַח פֶּסַח. קָהָל כִּנְּסָה הֲדַסָּה לְשַׁלֵּשׁ צוֹם בַּפֶּסַח, רֹאשׁ מִבֵּית רָשָׁע מָחַצְתָּ בְּעֵץ חֲמִשִּׁים בַּפֶּסַח, C,תָּעֹז יָדְךָ תָּרוּם יְמִינְךָ כְּלֵיל הִתְקַדֵּשׁ חַג פֶּסַח, וַאֲמַרְתֶּם זֶבַח פֶּסַח.

אַדִּיר הוּא

אַדִּיר הוּא יִבְנֶה בֵּיתוֹ בְּקָרוֹב.
בִּמְהֵרָה, בִּמְהֵרָה, בְּיָמֵינוּ בְּקָרוֹב. אֵל בְּנֵה, אֵל בְּנֵה, בְּנֵה בֵיתְךָ בְּקָרוֹב.

בָּחוּר הוּא, גָּדוֹל הוּא, דָּגוּל הוּא יִבְנֶה בֵּיתוֹ בְּקָרוֹב.
בִּמְהֵרָה, בִּמְהֵרָה, בְּיָמֵינוּ בְּקָרוֹב. אֵל בְּנֵה, אֵל בְּנֵה, בְּנֵה בֵיתְךָ בְּקָרוֹב.

הָדוּר הוּא, וָתִיק הוּא, זַכַּאי הוּא יִבְנֶה בֵּיתוֹ בְּקָרוֹב.
בִּמְהֵרָה, בִּמְהֵרָה, בְּיָמֵינוּ בְּקָרוֹב. אֵל בְּנֵה, אֵל בְּנֵה, בְּנֵה בֵיתְךָ בְּקָרוֹב.

חָסִיד הוּא, טָהוֹר הוּא, יָחִיד הוּא יִבְנֶה בֵּיתוֹ בְּקָרוֹב.
בִּמְהֵרָה, בִּמְהֵרָה, בְּיָמֵינוּ בְּקָרוֹב. אֵל בְּנֵה, אֵל בְּנֵה, בְּנֵה בֵיתְךָ בְּקָרוֹב.

כַּבִּיר הוּא, לָמוּד הוּא, מֶלֶךְ הוּא יִבְנֶה בֵּיתוֹ בְּקָרוֹב.
בִּמְהֵרָה, בִּמְהֵרָה, בְּיָמֵינוּ בְּקָרוֹב. אֵל בְּנֵה, אֵל בְּנֵה, בְּנֵה בֵיתְךָ בְּקָרוֹב.

נוֹרָא הוּא, סַגִּיב הוּא, עִזּוּז הוּא יִבְנֶה בֵּיתוֹ בְּקָרוֹב.
בִּמְהֵרָה, בִּמְהֵרָה, בְּיָמֵינוּ בְּקָרוֹב. אֵל בְּנֵה, אֵל בְּנֵה, בְּנֵה בֵיתְךָ בְּקָרוֹב.

פּוֹדֶה הוּא, צַדִּיק הוּא, קָדוֹשׁ הוּא יִבְנֶה בֵּיתוֹ בְּקָרוֹב.
בִּמְהֵרָה, בִּמְהֵרָה, בְּיָמֵינוּ בְּקָרוֹב. אֵל בְּנֵה, אֵל בְּנֵה, בְּנֵה בֵיתְךָ בְּקָרוֹב.

רַחוּם הוּא, שַׁדַּי הוּא, תַּקִּיף הוּא יִבְנֶה בֵּיתוֹ בְּקָרוֹב.
בִּמְהֵרָה, בִּמְהֵרָה, בְּיָמֵינוּ בְּקָרוֹב. אֵל בְּנֵה, אֵל בְּנֵה, בְּנֵה בֵיתְךָ בְּקָרוֹב.

כִּי לוֹ נָאֶה, כִּי לוֹ יָאֶה

אַדִּיר בִּמְלוּכָה, בָּחוּר כַּהֲלָכָה, גְּדוּדָיו יֹאמְרוּ לוֹ:
לְךָ וּלְךָ, לְךָ כִּי לְךָ, לְךָ אַף לְךָ, לְךָ יי הַמַּמְלָכָה, כִּי לוֹ נָאֶה, כִּי לוֹ יָאֶה.

דָּגוּל בִּמְלוּכָה, הָדוּר כַּהֲלָכָה, וָתִיקָיו יֹאמְרוּ לוֹ:
לְךָ וּלְךָ, לְךָ כִּי לְךָ, לְךָ אַף לְךָ, לְךָ יי הַמַּמְלָכָה, כִּי לוֹ נָאֶה, כִּי לוֹ יָאֶה.

זַכַּאי בִּמְלוּכָה, חָסִין כַּהֲלָכָה טַפְסְרָיו יֹאמְרוּ לוֹ:
לְךָ וּלְךָ, לְךָ כִּי לְךָ, לְךָ אַף לְךָ, לְךָ יי הַמַּמְלָכָה, כִּי לוֹ נָאֶה, כִּי לוֹ יָאֶה.

יָחִיד בִּמְלוּכָה, כַּבִּיר כַּהֲלָכָה לִמּוּדָיו יֹאמְרוּ לוֹ:
לְךָ וּלְךָ, לְךָ כִּי לְךָ, לְךָ אַף לְךָ, לְךָ יי הַמַּמְלָכָה, כִּי לוֹ נָאֶה, כִּי לוֹ יָאֶה.

מוֹשֵׁל בִּמְלוּכָה, נוֹרָא כַּהֲלָכָה סְבִיבָיו יֹאמְרוּ לוֹ:
לְךָ וּלְךָ, לְךָ כִּי לְךָ, לְךָ אַף לְךָ, לְךָ יי הַמַּמְלָכָה, כִּי לוֹ נָאֶה, כִּי לוֹ יָאֶה.

עָנָיו בִּמְלוּכָה, פּוֹדֶה כַּהֲלָכָה, צַדִּיקָיו יֹאמְרוּ לוֹ:
לְךָ וּלְךָ, לְךָ כִּי לְךָ, לְךָ אַף לְךָ, לְךָ יי הַמַּמְלָכָה, כִּי לוֹ נָאֶה, כִּי לוֹ יָאֶה.

קָדוֹשׁ בִּמְלוּכָה, רַחוּם כַּהֲלָכָה שִׁנְאַנָּיו יֹאמְרוּ לוֹ:
לְךָ וּלְךָ, לְךָ כִּי לְךָ, לְךָ אַף לְךָ, לְךָ יי הַמַּמְלָכָה, כִּי לוֹ נָאֶה, כִּי לוֹ יָאֶה.

תַּקִּיף בִּמְלוּכָה, תּוֹמֵךְ כַּהֲלָכָה תְּמִימָיו יֹאמְרוּ לוֹ:
לְךָ וּלְךָ, לְךָ כִּי לְךָ, לְךָ אַף לְךָ, לְךָ יי הַמַּמְלָכָה, כִּי לוֹ נָאֶה, כִּי לוֹ יָאֶה.

שְׁמוֹנָה מִי יוֹדֵעַ?
שְׁמוֹנָה אֲנִי יוֹדֵעַ: שְׁמוֹנָה יְמֵי מִילָה, שִׁבְעָה יְמֵי שַׁבָּתָא, שִׁשָּׁה סִדְרֵי מִשְׁנָה, חֲמִשָּׁה חוּמְשֵׁי תוֹרָה, אַרְבַּע אִמָּהוֹת, שְׁלֹשָׁה אָבוֹת, שְׁנֵי לֻחוֹת הַבְּרִית, אֶחָד אֱלֹהֵינוּ שֶׁבַּשָּׁמַים וּבָאָרֶץ.

תִּשְׁעָה מִי יוֹדֵעַ?
תִּשְׁעָה אֲנִי יוֹדֵעַ: תִּשְׁעָה יַרְחֵי לֵדָה, שְׁמוֹנָה יְמֵי מִילָה, שִׁבְעָה יְמֵי שַׁבָּתָא, שִׁשָּׁה סִדְרֵי מִשְׁנָה, חֲמִשָּׁה חוּמְשֵׁי תוֹרָה, אַרְבַּע אִמָּהוֹת, שְׁלֹשָׁה אָבוֹת, שְׁנֵי לֻחוֹת הַבְּרִית, אֶחָד אֱלֹהֵינוּ שֶׁבַּשָּׁמַים וּבָאָרֶץ.

עֲשָׂרָה מִי יוֹדֵעַ?
עֲשָׂרָה אֲנִי יוֹדֵעַ: עֲשָׂרָה דִבְּרַיָּא, תִּשְׁעָה יַרְחֵי לֵדָה, שְׁמוֹנָה יְמֵי מִילָה, שִׁבְעָה יְמֵי שַׁבָּתָא, שִׁשָּׁה סִדְרֵי מִשְׁנָה, חֲמִשָּׁה חוּמְשֵׁי תוֹרָה, אַרְבַּע אִמָּהוֹת, שְׁלֹשָׁה אָבוֹת, שְׁנֵי לֻחוֹת הַבְּרִית, אֶחָד אֱלֹהֵינוּ שֶׁבַּשָּׁמַים וּבָאָרֶץ.

אַחַד עָשָׂר מִי יוֹדֵעַ?
אַחַד עָשָׂר אֲנִי יוֹדֵעַ: אַחַד עָשָׂר כּוֹכְבַיָּא, עֲשָׂרָה דִבְּרַיָּא, תִּשְׁעָה יַרְחֵי לֵדָה, שְׁמוֹנָה יְמֵי מִילָה, שִׁבְעָה יְמֵי שַׁבָּתָא, שִׁשָּׁה סִדְרֵי מִשְׁנָה, חֲמִשָּׁה חוּמְשֵׁי תוֹרָה, אַרְבַּע אִמָּהוֹת, שְׁלֹשָׁה אָבוֹת, שְׁנֵי לֻחוֹת הַבְּרִית, אֶחָד אֱלֹהֵינוּ שֶׁבַּשָּׁמַים וּבָאָרֶץ

שְׁנֵים עָשָׂר מִי יוֹדֵעַ?
שְׁנֵים עָשָׂר אֲנִי יוֹדֵעַ: שְׁנֵים עָשָׂר שִׁבְטַיָּא, אַחַד עָשָׂר כּוֹכְבַיָּא, עֲשָׂרָה דִבְּרַיָּא, תִּשְׁעָה יַרְחֵי לֵדָה, שְׁמוֹנָה יְמֵי מִילָה, שִׁבְעָה יְמֵי שַׁבָּתָא, שִׁשָּׁה סִדְרֵי מִשְׁנָה, חֲמִשָּׁה חוּמְשֵׁי תוֹרָה, אַרְבַּע אִמָּהוֹת, שְׁלֹשָׁה אָבוֹת, שְׁנֵי לֻחוֹת הַבְּרִית, אֶחָד אֱלֹהֵינוּ שֶׁבַּשָּׁמַים וּבָאָרֶץ.

שְׁלֹשָׁה עָשָׂר מִי יוֹדֵעַ?
שְׁלֹשָׁה עָשָׂר אֲנִי יוֹדֵעַ: שְׁלֹשָׁה עָשָׂר מִדַּיָּא. שְׁנֵים עָשָׂר שִׁבְטַיָּא, אַחַד עָשָׂר כּוֹכְבַיָּא, עֲשָׂרָה דִבְּרַיָּא, תִּשְׁעָה יַרְחֵי לֵדָה, שְׁמוֹנָה יְמֵי מִילָה, שִׁבְעָה יְמֵי שַׁבָּתָא, שִׁשָּׁה סִדְרֵי מִשְׁנָה, חֲמִשָּׁה חוּמְשֵׁי תוֹרָה, אַרְבַּע אִמָּהוֹת, שְׁלֹשָׁה אָבוֹת, שְׁנֵי לֻחוֹת הַבְּרִית, אֶחָד אֱלֹהֵינוּ שֶׁבַּשָּׁמַים וּבָאָרֶץ.

אֶחָד מִי יוֹדֵעַ?

אֶחָד אֲנִי יוֹדֵעַ: אֶחָד אֱלֹהֵינוּ שֶׁבַּשָּׁמַיִם וּבָאָרֶץ.

שְׁנַיִם מִי יוֹדֵעַ?

שְׁנַיִם אֲנִי יוֹדֵעַ: שְׁנֵי לֻחוֹת הַבְּרִית. אֶחָד אֱלֹהֵינוּ שֶׁבַּשָּׁמַיִם וּבָאָרֶץ.

שְׁלשָׁה מִי יוֹדֵעַ?

שְׁלשָׁה אֲנִי יוֹדֵעַ: שְׁלשָׁה אָבוֹת, שְׁנֵי לֻחוֹת הַבְּרִית, אֶחָד אֱלֹהֵינוּ שֶׁבַּשָּׁמַיִם וּבָאָרֶץ.

אַרְבַּע מִי יוֹדֵעַ?

אַרְבַּע אֲנִי יוֹדֵעַ: אַרְבַּע אִמָּהוֹת, שְׁלשָׁה אָבוֹת, שְׁנֵי לֻחוֹת הַבְּרִית, אֶחָד אֱלֹהֵינוּ שֶׁבַּשָּׁמַיִם וּבָאָרֶץ.

חֲמִשָּׁה מִי יוֹדֵעַ?

חֲמִשָּׁה אֲנִי יוֹדֵעַ: חֲמִשָּׁה חוּמְשֵׁי תוֹרָה, אַרְבַּע אִמָּהוֹת, שְׁלשָׁה אָבוֹת, שְׁנֵי לֻחוֹת הַבְּרִית, אֶחָד אֱלֹהֵינוּ שֶׁבַּשָּׁמַיִם וּבָאָרֶץ.

שִׁשָּׁה מִי יוֹדֵעַ?

שִׁשָּׁה אֲנִי יוֹדֵעַ: שִׁשָּׁה סִדְרֵי מִשְׁנָה, חֲמִשָּׁה חוּמְשֵׁי תוֹרָה, אַרְבַּע אִמָּהוֹת, שְׁלשָׁה אָבוֹת, שְׁנֵי לֻחוֹת הַבְּרִית, אֶחָד אֱלֹהֵינוּ שֶׁבַּשָּׁמַיִם וּבָאָרֶץ.

שִׁבְעָה מִי יוֹדֵעַ?

שִׁבְעָה אֲנִי יוֹדֵעַ: שִׁבְעָה יְמֵי שַׁבַּתָּא, שִׁשָּׁה סִדְרֵי מִשְׁנָה, חֲמִשָּׁה חוּמְשֵׁי תוֹרָה, אַרְבַּע אִמָּהוֹת, שְׁלשָׁה אָבוֹת, שְׁנֵי לֻחוֹת הַבְּרִית, אֶחָד אֱלֹהֵינוּ שֶׁבַּשָּׁמַיִם וּבָאָרֶץ.

חַד גַּדְיָא, חַד גַּדְיָא

דְּזַבִּין אַבָּא בִּתְרֵי זוּזֵי, חַד גַּדְיָא,חַד גַּדְיָא.

וְאָתָא שׁוּנְרָא וְאַכְלָה לְגַדְיָא, דְּזַבִּין אַבָּא בִּתְרֵי זוּזֵי, חַד גַּדְיָא,חַד גַּדְיָא.

וְאָתָא כַלְבָּא וְנָשַׁךְ לְשׁוּנְרָא, דְּאַכְלָה לְגַדְיָא, דְּזַבִּין אַבָּא בִּתְרֵי זוּזֵי, חַד גַּדְיָא,חַד גַּדְיָא.

וְאָתָא חוּטְרָא והִכָּה לְכַלְבָּא, דְּנָשַׁךְ לְשׁוּנְרָא, דְּאַכְלָה לְגַדְיָא, דְּזַבִּין אַבָּא בִּתְרֵי זוּזֵי, חַד גַּדְיָא,חַד גַּדְיָא.

וְאָתָא נוּרָא וְשָׂרַף לְחוּטְרָא, דְּהִכָּה לְכַלְבָּא, דְּנָשַׁךְ לְשׁוּנְרָא, דְּאַכְלָה לְגַדְיָא, דְּזַבִּין אַבָּא בִּתְרֵי זוּזֵי, חַד גַּדְיָא,חַד גַּדְיָא.

וְאָתָא מַיָא וְכָבָה לְנוּרָא, דְּשָׂרַף לְחוּטְרָא, דְּהִכָּה לְכַלְבָּא, דְּנָשַׁךְ לְשׁוּנְרָא, דְּאַכְלָה לְגַדְיָא, דְּזַבִּין אַבָּא בִּתְרֵי זוּזֵי, חַד גַּדְיָא,חַד גַּדְיָא.

וְאָתָא תוֹרָא וְשָׁתָה לְמַיָא, דְּכָבָה לְנוּרָא, דְּשָׂרַף לְחוּטְרָא, דְּהִכָּה לְכַלְבָּא, דְּנָשַׁךְ לְשׁוּנְרָא, דְּאַכְלָה לְגַדְיָא, דְּזַבִּין אַבָּא בִּתְרֵי זוּזֵי, חַד גַּדְיָא,חַד גַּדְיָא.

וְאָתָא הַשּׁוֹחֵט וְשָׁחַט לְתוֹרָא, דְּשָׁתָה לְמַיָא, דְּכָבָה לְנוּרָא, דְּשָׂרַף לְחוּטְרָא, דְּהִכָּה לְכַלְבָּא, דְּנָשַׁךְ לְשׁוּנְרָא, דְּאַכְלָה לְגַדְיָא, דְּזַבִּין אַבָּא בִּתְרֵי זוּזֵי, חַד גַּדְיָא,חַד גַּדְיָא.

וְאָתָא מַלְאַךְ הַמָּוֶת וְשָׁחַט לְשׁוֹחֵט, דְּשָׁחַט לְתוֹרָא, דְּשָׁתָה לְמַיָא, דְּכָבָה לְנוּרָא, דְּשָׂרַף לְחוּטְרָא, דְּהִכָּה לְכַלְבָּא, דְּנָשַׁךְ לְשׁוּנְרָא, דְּאַכְלָה לְגַדְיָא, דְּזַבִּין אַבָּא בִּתְרֵי זוּזֵי, חַד גַּדְיָא,חַד גַּדְיָא.

וְאָתָא הַקָּדוֹשׁ בָּרוּךְ הוּא וְשָׁחַט לְמַלְאַךְ הַמָּוֶת, דְּשָׁחַט לְשׁוֹחֵט, דְּשָׁחַט לְתוֹרָא, דְּשָׁתָה לְמַיָא, דְּכָבָה לְנוּרָא, דְּשָׂרַף לְחוּטְרָא, דְּהִכָּה לְכַלְבָּא, דְּנָשַׁךְ לְשׁוּנְרָא, דְּאַכְלָה לְגַדְיָא, דְּזַבִּין אַבָּא בִּתְרֵי זוּזֵי, חַד גַּדְיָא,חַד גַּדְיָא.

For thousands of years, our ancestors lived with only the dream of Israel. In 1948, our land was returned to us, fulfilling prophecy. When Holocaust survivors first stepped foot in Israel and kissed the ground, this anthem would bring tears to their eyes.

HOPE	HATIKVA	הַתִּקְוָה
As long as the heart within.	Kol od balevav penima	כָּל עוֹד בַּלֵּבָב פְּנִימָה
A Jewish soul still yearns.	Nefesh yehudi homiya	נֶפֶשׁ יְהוּדִי הוֹמִיָּה
And beyond, toward the east.	Ulfatey mizrakh kadima	וּלְפַאֲתֵי מִזְרָח, קָדִימָה
An eye scouts Zion.	Ayin leTziyon tzo-fiya	עַיִן לְצִיּוֹן צוֹפִיָּה
Our hope is not yet missing,	Od lo avda tikva-teynu	עוֹד לֹא אָבְדָה תִּקְוָתֵנוּ
The hope of two thousand years,	Hatikvah bat shnot alpayim	הַתִּקְוָה בַּת שְׁנוֹת אַלְפַּיִם
To be a free nation in our land,	Lihyot am khof-shi beartzeynu	לִהְיוֹת עַם חָפְשִׁי
The land of Zion and Jerusalem.	Eretz Tziyon vi'Ye-rushalayim.	בְּאַרְצֵנוּ אֶרֶץ צִיּוֹן וִירוּשָׁלַיִם.

CPSIA information can be obtained
at www.ICGtesting.com
Printed in the USA
LVIC04n0032050414
380425LV00001B/1

* 9 7 8 0 9 9 2 1 6 3 7 0 9 *